Kraften i OpenAI för Företag: Hur du kan använda den för att förbättra din företagsverksamhet.

OpenAI är en av de ledande organisationerna när det gäller utveckling av kunskapsintensiva teknologier, såsom konstig intelligens (KI) och maskininlärning (ML). Dess mål är att göra teknik tillgänglig för alla, samt att bidra till en mer hållbar samhällsutveckling. OpenAI har revolutionerat många branscher, från sjukvård till produktion, och fortsätter att erbjuda nya möjligheter för förbättring och innovation.

I denna bok kommer vi att titta närmare på OpenAI och dess möjligheter för företag. Vi kommer att beskriva hur OpenAI kan användas för att öka produktivitet, förbättra kvaliteten på produkter och tjänster, och samtidigt minimera negativ påverkan på miljön. Vi kommer också att titta på de utmaningar som kan uppstå vid implementering av OpenAI, samt beskriva framtida utvecklingar inom teknologin.

Denna bok är för alla som är intresserade av att lära sig mer om OpenAI och dess möjligheter för företag. Det är för projektledare, affärsanalytiker, beslutsfattare, och alla som är angelägna om att förstå teknologins potential för att skapa värde och effektivitet.

Stig-Arne Kristoffersen

2 februari 2023

1

Innehåll

Kapitel 1: Inledning: Varför OpenAI är relevant för företag idag

OpenAI är en non-profit organisation som har som mål att utforska och utveckla kunskapen om kunskapsbaserad AI och machine learning. Det grundades 2015 av Elon Musk, Sam Altman och andra ledande företagsledare och tekniska experter med syftet att bidra till en positiv utveckling av AI och dess påverkan på samhället.

OpenAI är känt för sin forskning och utveckling av stora och avancerade AI-modeller, såsom GPT-3 (Generative Pretrained Transformer 3), som är en av de mest kapabla modellerna inom textgenerering. Dessa modeller används för att lösa komplexa problem och förbättra affärsprocesser inom olika branscher.

OpenAI har också en plattform som erbjuder tillgång till sina AI-modeller och tekniker för företag och organisationer. Genom denna plattform kan företag använda OpenAIs tekniker för att utveckla egna AI-baserade lösningar och förbättra sina affärsprocesser.

OpenAI är en pionjär inom AI-forskning och har stor påverkan på den globala AI-utvecklingen. Genom sin forskning och teknikutveckling bidrar OpenAI till att stärka möjligheterna för företag och samhället att använda AI på ett ansvarsfullt och hållbart sätt.

OpenAI är en av de mest lovande och spännande teknologierna inom AI och machine learning idag, och det är relevant för företag på många sätt. Företag är i behov av effektivare, snabbare och kostnadseffektiva sätt att utföra affärsprocesser, förbättra sina produkter och tjänster, och öka sin konkurrenskraft. OpenAI ger företag möjligheter att uppnå detta genom att automatisera viktiga processer, förbättra beslutsfattande, öka produktiviteten och mycket mer.

OpenAI använder den senaste teknologin inom machine learning och AI för att generera möjligheter för företag. Det

5

gör detta genom att analysera och förstå stora mängder data, och därefter använda den informationen för att förbättra affärsprocesser och ta bättre beslut. OpenAI kan också användas för att förbättra kundupplevelsen, effektivisera marknadsföring och försäljning, och stödja produktutveckling och innovation.

OpenAI är också en kraftfull teknologi för förbättring av arbetsflöden och produktivitet. Det kan automatisera manuella och tidskrävande arbetsprocesser, vilket sparar tid och minskar risken för mänskliga misstag. Samtidigt ger OpenAI möjligheter att förbättra samarbete och projektledning genom att samla och analysera data från olika källor.

OpenAI har också möjligheter att bidra till förbättring av säkerhet och skydd av företagsdata och information. Det kan generera säkrare lösningar för datahantering och skydd, samt förbättra säkerheten i affärsprocesser och samarbete.

I finansiella tjänster kan OpenAI bidra till effektivare och mer lönsamma affärsbeslut, samt stödja i riskhantering och fraud detektion. Inom HR kan OpenAI stödja förbättring av rekrytering och personalhantering, samt bidra till att ta bättre beslut om löner och kompensation.

Slutligen, OpenAI har möjligheter att bidra till hållbar utveckling och förbättring av miljöprestationer. Genom att analysera stora mängder data, kan OpenAI bidra till att identifiera möjligheter i marknaden för företaget.

Kapitel 2: Grunderna i OpenAI-teknologi

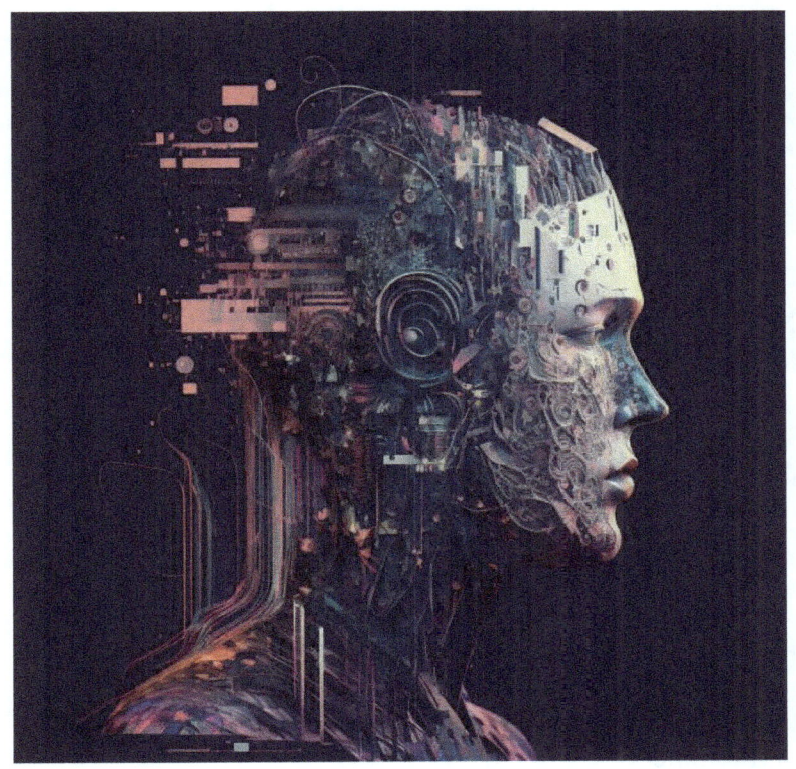

I detta kapitel tänker vi att ge en övergripande bild av vad OpenAI är och vilken teknologi de använder för att utföra sina uppgifter.

OpenAI är en non-profit organisation som är dedikerad till att forskning och utveckla AI-teknik för att förbättra samhällets tillgång till AI och säkerställa att AI används på ett ansvarsfullt sätt. OpenAI har en plattform som erbjuder tillgång till AI-modeller och tekniker för företag och organisationer.

OpenAI använder sig främst av Deep learning-teknik, som är en form av machine learning där modellerna tränas på stora datamängder för att lära sig att generera resultat. OpenAI använder sig främst av transformer-baserade modeller, såsom Generative Pretrained Transformer (GPT), för sina uppgifter.

GPT-modellerna är särskilt användbara för textgenerering och förståelse, eftersom de har lärt sig att förstå och sätta samman text på ett naturligt sätt genom träning på stora datamängder. Dessa modeller är också väldigt skalbara, vilket gör det möjligt att använda samma modell för att lösa olika slags problem.

Således är OpenAI en viktig aktör inom AI-branschen, och deras teknologi är en viktig del av framtidens AI-lösningar för företag. I de kommande kapitlen kommer vi att diskutera olika sätt som företag kan använda OpenAI för att förbättra sin verksamhet och generera intäkter.

En annan viktig del av OpenAIs teknologi är deras användning av reinforcement learning. Reinforcement learning är en form av machine learning där modellen lär sig genom att få belöningar och straff för sina handlingar. Detta är särskilt användbart för problem som involverar beslutsfattande, eftersom modellen kan lära sig att göra de beslut som leder till den största belöningen.

OpenAI har också utvecklat sin egen mjukvara för att stödja deras teknologier, inklusive OpenAI Gym, en plattform för utveckling och träning av reinforcement learning-modeller, och OpenAI API, som ger enkel tillgång till OpenAIs modeller och tekniker.

Det är viktigt att notera att OpenAI har en stark fokus på ansvarsfull AI och säkerhet. De använder sig av en mängd säkerhetsåtgärder för att säkerställa att deras modeller inte används för skadliga syften och de arbetar aktivt med olika organisationer och regeringar för att säkerställa att AI utvecklas och används på ett ansvarsfullt sätt.

Sammantaget är OpenAI en viktig aktör inom AI-branschen och deras teknologi har en stor potential att förbättra företags verksamheter och hjälpa dem att nå sina mål. I detta kapitel har vi täckt de grundläggande aspekterna av OpenAIs teknologi och vi kommer att diskutera dessa aspekter i mer detalj i de kommande kapitlen.

Kapitel 3: Integrering av OpenAI i företagsinfrastruktur

För att få fullt utbyte av OpenAIs teknologier och möjligheter är det viktigt att integrera dem i företagsinfrastruktur på rätt sätt. Integreringen av OpenAI i en företags arbetsflöden och system kräver en grundläggande förståelse för de tekniska kraven och processerna som är nödvändiga.

Ett första steg är att bestämma vilken typ av OpenAI-teknologi som är relevant för företagets behov och mål. Det kan innebära att välja en specifik modell eller teknik, eller att utveckla en helt unik lösning med hjälp av OpenAI API.

Nästa steg är att integrera OpenAI-teknologin med företagets befintliga system och processer. Detta kan innebära att ansluta OpenAI till företagets datalagring och analysverktyg, eller att använda OpenAI för att automatisera viktiga arbetsuppgifter.

Efter att ha förstått grunderna i OpenAIs teknologi, är nästa steg att integrera det i företagsinfrastruktur. Det finns flera sätt att göra detta, beroende på företagets specifika behov och resurser. Här är några av de vanligaste sätten att integrera OpenAI i en företags infrastruktur:

Användning av OpenAI API: OpenAI API är en enkel väg för företag att använda OpenAIs teknologier utan att behöva göra stora tekniska investeringar. API: et gör det möjligt för företag att enkelt integrera OpenAIs modeller i sina befintliga system och processer.

Uppbyggnad av egen modell: Företag som har de tekniska resurserna och kunskapen kan bygga sin egen modell med hjälp av OpenAI-teknologier. Detta kan ge företaget mer kontroll över modellens prestanda och funktionalitet och möjliggör för anpassning till företagets specifika behov.

Samarbete med OpenAI: Företag som önskar en mer intensiv integration av OpenAI-teknologier kan samarbeta med

OpenAI för att ta fram en lösning som är anpassad efter företagets specifika behov.

Det är viktigt att förstå att integrering av OpenAI i en företags infrastruktur kräver en viss teknisk kunskap och resurser. Därför är det viktigt att bedöma företagets egna resurser och behov noggrant innan man väljer en integrationsstrategi.

Vid integrering av OpenAI är det också viktigt att tänka på säkerhet och ansvarsfull AI. OpenAI har en stark fokus på säkerhet och ansvar, men det är fortfarande företagets ansvar att säkerställa att deras användning av OpenAIs teknologier är ansvarsfull och säker.

Sammantaget är integrering av OpenAI i företagsinfrastruktur en viktig aspekt av att använda OpenAIs teknologier för att förbättra företags verksamheter och generera intäkter. I detta kapitel har vi diskuterat några av de vanligaste sätten att integrera OpenAI i en företags infrastruktur och har påpekat vikten av att t änka på säkerhet och ansvarsfull AI vid integrering. Nästa steg i boken är att titta på de specifika tillämpningarna av OpenAI inom företag, såsom automatisering av affärsprocesser, förbättring av kundupplevelsen och effektivisering av företagsdatahantering. Genom att integrera OpenAI i företagsinfrastruktur och använda dess teknologier på smarta och effektiva sätt kan företag ta stora steg framåt i sin verksamhet och förbättra sin konkurrenskraft på marknaden.

Det är också viktigt att regelbundet övervaka och uppdatera företagets integrering av OpenAI för att säkerställa att den fortfarande är relevant och tillräcklig för att uppfylla företagets behov. Nya versioner och uppgraderingar av OpenAI-teknologier släpps ofta, och företag bör överväga om dessa uppgraderingar kan förbättra deras nuvarande integrering.

Det är också viktigt att vara medveten om potentiella utmaningar vid integrering av OpenAI. Dessa kan inkludera tekniska problem, säkerhetsproblem och frågor kring ansvarsfull AI. Företag bör vara förberedda på att hantera dessa utmaningar och arbeta tillsammans med OpenAI för att lösa eventuella problem.

Sammantaget är integrering av OpenAI en viktig del av att använda teknologin för att förbättra företags verksamheter och generera intäkter. Genom att välja rätt integreringsstrategi, säkerställa regelbunden övervakning och uppdatering och vara medveten om potentiella utmaningar, kan företag säkerställa att de får ut det mesta av OpenAI-teknologierna.

Det är också viktigt att investera i utbildning och träning för personalen som kommer att använda OpenAI-teknologier. Ju mer personalen förstår om teknologin, desto mer effektivt och nyttigt kan de använda den i sitt arbete. Utbildning kan inkludera grundläggande kunskap om AI, hur OpenAI-teknologier fungerar och hur de kan användas inom företaget.

En annan viktig faktor att överväga vid integrering av OpenAI är etisk och ansvarsfull AI. Företag bör säkerställa att deras användning av teknologin är etiskt försvarbar och i enlighet med alla relevanta regler och förordningar. Det är också viktigt att använda OpenAI på ett ansvarsfullt sätt, så att det inte skadar företagets rykte eller orsakar negativa effekter på samhället eller miljön.

Sammantaget är det viktigt att tänka på många faktorer vid integrering av OpenAI i företagsinfrastruktur, inklusive säkerhet, utbildning, etik och ansvarsfull AI. Genom att ta hänsyn till dessa faktorer och arbeta tillsammans med OpenAI, kan företag säkerställa att de får ut det mesta av teknologin och använder den på ett ansvarsfullt och effektivt sätt.

Kapitel 4: Användning av OpenAI för automatisering av affärsprocesser

OpenAI har revolutionerat många branscher genom sin förmåga att generera meningsfulla resultat från stora mängder data. Denna förmåga är särskilt användbar för automatisering av affärsprocesser. Automatisering av affärsprocesser är en viktig strategi för företag som vill öka sin produktivitet, minska sina kostnader och öka sin lönsamhet.

OpenAI-teknologier som maskininlärning och artificiell intelligens kan användas för att automatisera många affärsprocesser, inklusive inmatning och bearbetning av data, beslutsfattande, kundservice och mycket mer. För att använda OpenAI för automatisering av affärsprocesser, bör företag först identifiera vilka processer som skulle kunna automatiseras, och sedan använda OpenAI för att utveckla lösningar för att automatisera dessa processer.

Maskininlärning är en av de mest använda OpenAI-teknologierna för automatisering av affärsprocesser. Det gör det möjligt för företag att använda enorma mängder data för att träna systemen att göra meningsfulla beslut och generera resultat. För att använda maskininlärning för automatisering av affärsprocesser bör företag samla in stora mängder data relaterad till de processer de vill automatisera, och sedan använda OpenAI för att utveckla system som är tränade på denna data.

Artificiell intelligens är också ett kraftfullt verktyg för automatisering av affärsprocesser. Det gör det möjligt för företag att utveckla system som automatiskt kan genomföra komplexa beslutsfattande och problemlösning. För att använda AI för automatisering av affärsprocesser bör företag utveckla AI-modeller som är tränade på de processer de vill automatisera, och sedan integrera dessa modeller i deras affärsprocesser.

Ett exempel på hur OpenAI kan användas för automatisering av affärsprocesser är i kundservice. Företag kan använda OpenAI-teknologier för att utveckla chatbots eller språkanalys-system som automatiskt kan besvara frågor från kunder och hjälpa dem med sina behov. Detta kan minska kostnaderna för kundservice och samtidigt öka kundnöjdheten genom effektiv hantering av kundärenden.

En annan användning av OpenAI för automatisering av affärsprocesser är i företags logistik och lagerhantering. Företag kan använda OpenAI för att optimera sina lagerhållningsprocesser, inklusive inköp, lagerhantering och leverans. OpenAI-teknologier kan användas för att förutsäga framtida efterfrågan på produkter och optimera lagerbeständigheter, samt automatisera beslut om var och när produkter ska inköpas och levereras.

Företag kan också använda OpenAI för automatisering av finansiella processer. OpenAI-teknologier kan användas för att automatisera beslut om kreditgivning, bokföring och rapportering, samt för att förbättra säkerheten och preventivt upptäcka bedrägeri.

Således är OpenAI en viktig teknologi för företag som vill automatisera sina affärsprocesser. Genom att använda OpenAI-teknologier för att optimera sina processer, kan företag öka sin produktivitet, minska sina kostnader och öka sin lönsamhet. Det är viktigt att företag tar ett strategiskt tillvägagångssätt när de använder OpenAI för automatisering av affärsprocesser, så att de får ut mest möjliga värde från teknologin.

För att uppnå detta bör företag börja med att identifiera de affärsprocesser som skulle kunna automatiseras med hjälp av OpenAI-teknologier. Därefter bör företaget evaluera vilken teknologi som bäst passar deras behov och integrera den i deras befintliga infrastruktur.

En viktig del av den här integreringsprocessen är att säkerställa att OpenAI-teknologierna är kompatibla med företagets befintliga system och att de är säkra och skyddade mot sårbarheter. Företag bör också säkerställa att de har en stark och kompetent IT-avdelning som kan hjälpa till med implementeringen och underhållet av teknologierna.

Företag bör också överväga möjligheten att använda OpenAI-teknologier för att samarbeta med andra företag och branscher. OpenAI-teknologier kan användas för att skapa nya affärsmöjligheter och förbättra samarbetet mellan företag och andra aktörer i branschen.

Slutligen är det viktigt att företag kontinuerligt övervaka och utvärdera resultaten av sin användning av OpenAI-teknologier. Genom att göra detta kan företag förbättra sina processer och uppnå ännu bättre resultat.

Sammantaget är OpenAI en kraftfull teknologi för företag som vill automatisera sina affärsprocesser. Genom att använda OpenAI-teknologier kan företag öka sin produktivitet, minska sina kostnader och öka sin lönsamhet. Företag bör ta ett strategiskt tillvägagångssätt när de använder OpenAI för att säkerställa att de får ut mest möjliga värde från teknologin.

Kapitel 5: OpenAI och förbättring av kundupplevelsen

OpenAI kan användas för att förbättra kundupplevelsen på många olika sätt. En av de främsta fördelarna med OpenAI-teknologi är dess förmåga att generera automatiserade svar på frågor och förfrågningar från kunder. Det här kan bidra till en snabbare och mer effektiv kundservice, samtidigt som det frigör resurser från manuella uppgifter så att företagets personal kan fokusera på mer strategiska uppgifter.

OpenAI-teknologier har möjlighet att personifiera kundupplevelsen. Genom att analysera stora mängder data om kundbeteende och preferenser kan företag använda OpenAI för att skräddarsy sin marknadsföring och sina produktrekommendationer för varje enskild kund. Detta kan leda till en mer personlig och relevant kundupplevelse, samt öka möjligheten för försäljning och lojalitet från kunderna.

OpenAI kan också användas för att förbättra kundkommunikationen. Genom att använda chattrobotar och språkanalys kan företag erbjuda en mer tillgänglig och effektiv kundservice, även utanför normala kontorstider. Detta kan leda till en mer tillfredsställande kundupplevelse och minskad frustration från kunder som inte behöver vänta på svar på sina frågor.

OpenAI-teknologier kan förbättra säkerheten av kundernas information. Genom att använda kraftfulla säkerhetsverktyg och kryptering kan företag säkerställa att kunders data hålls säkra och skyddade, samtidigt som de samlar in data för att förbättra sin verksamhet.

Sammantaget är OpenAI en kraftfull teknologi som kan förbättra kundupplevelsen på många sätt. Genom att använda OpenAI för att automatisera svar, personifiera kundupplevelsen, förbättra kundkommunikationen och säkerställa kunddata kan företag öka sin konkurrenskraft och förbättra sina affärsresultat. Företag bör ta ett strategiskt tillvägagångssätt när de använder OpenAI för att säkerställa att de får ut mest möjliga värde från teknologin och förbättrar sin verksamhet på ett hållbart sätt.

Det är viktigt för företag att säkerställa att de har rätt resurser och kompetens inom OpenAI för att kunna dra nytta av dess möjligheter. Detta inkluderar en god förståelse för teknologin själv, samt förmåga att integrera OpenAI i företagsinfrastrukturen på ett effektivt sätt. Företag bör också tänka på säkerheten och integriteten för kunders data, samt säkerställa att deras användning av OpenAI är i enlighet med alla relevanta regler och bestämmelser.

OpenAI är en mäktig teknologi som har potentialen att revolutionera sättet som företag interagerar med sina kunder och förbättrar sin verksamhet. Genom att använda OpenAI på ett strategiskt sätt, samt säkerställa att företag har rätt resurser och kompetens, kan de förbättra sin konkurrenskraft och öka sina affärsresultat genom en förbättrad kundupplevelse.

Dessutom kan OpenAI hjälpa företag att automatisera affärsprocesser, minska manuella fel och förbättra processernas effektivitet och hastighet. OpenAI kan också användas för att generera innehåll, såsom text, tal och bilder, samt för att analysera och förstå kunders beteende och preferenser.

Företag bör också förstå att OpenAI inte är en "lösning på kistan" och att det är en ständig process att förbättra och utveckla teknologin. Det är viktigt för företag att ständigt övervaka och anpassa sin OpenAI-strategi för att säkerställa att de får mest nytta av teknologin.

Det är också viktigt att nämna att OpenAI är en teknologi som ständigt utvecklas och förbättras, så företag bör vara beredda på att anpassa sin strategi och integrering över tid för att säkerställa att de fortfarande får mest nytta av teknologin.

I sammanfattning är OpenAI en viktig teknologi för företag som vill förbättra kundupplevelsen, automatisera affärsprocesser och förbättra sin verksamhet. Företag bör tänka på säkerheten och integriteten för kunders data, samt säkerställa att deras användning av OpenAI är i enlighet med alla relevanta regler och bestämmelser. Samtidigt bör företag vara beredda på att ständigt anpassa sin OpenAI-strategi för att säkerställa att de får mest nytta av teknologin.

Kapitel 6: Prediktiv analys med OpenAI för förbättrad affärsbeslutsfattande

OpenAI är en kraftfull teknologi som kan användas för att utföra prediktiv analys och förbättra affärsbeslutsfattandet. Prediktiv analys är en teknik som använder historiska data och annan information för att förutsäga framtida händelser eller mönster. Med OpenAI kan företag använda den data de redan samlar in för att förutsäga framtida trender och mönster i sina affärsverksamheter.

Det finns många sätt att använda OpenAI för prediktiv analys. En metod är att använda OpenAI för att generera mönster från historiska data. Genom att göra det kan företag förstå vilka faktorer som påverkar deras affärsverksamhet och förutsäga framtida resultat. OpenAI kan också användas för att förutsäga kundernas beteende och preferenser, vilket kan hjälpa företag att anpassa sina produkter och tjänster för att bättre möta deras behov.

OpenAI är också en kraftfull teknologi för att utföra preskriptiv analys. Preskriptiv analys är en teknik som använder prediktiv analys för att ta beslut och genomföra åtgärder. Med OpenAI kan företag förutsäga framtida trender och mönster och använda den informationen för att ta informerade beslut om affärsstrategier och affärsmässiga åtgärder.

En annan viktig användning av OpenAI i prediktiv analys är för att förbättra kundsegmenteringen. Med OpenAI kan företag förstå sina kunders beteenden och preferenser och använda den informationen för att skapa mer målgruppsanpassade produkter och tjänster. Detta kan förbättra kundupplevelsen och öka kundlojaliteten.

För att utföra prediktiv analys med OpenAI bör företag också förstå och hantera säkerhets- och integritetsaspekterna av användningen av teknologin. Företag bör säkerställa att deras användning av OpenAI är i enlighet med alla relevanta regler och bestämmelser för databeskydd och integritet. Dessutom bör företag överväga vilken typ av data de samlar in och hur de använder den för att utföra prediktiv analys.

OpenAI har en rad olika verktyg och tekniker som företag kan använda för att utföra prediktiv analys. En viktig aspekt av prediktiv analys är möjligheten att göra mer informerade affärsbeslut genom att använda data från tidigare händelser och trender. Genom att använda OpenAI-teknologi kan företag bättre förstå sina kunders beteenden och förutsäga framtida kundtrender, så att de kan fatta bättre beslut och maximera sin försäljning och lönsamhet.

Ett annat område där OpenAI kan användas för att utföra prediktiv analys är inom marknadsföring. Genom att använda tekniker som maskinell inlärning och djup inlärning kan företag förutsäga vilken typ av annonser och marknadsföringskampanjer som kommer att vara mest effektiva för att nå sina målgrupper. Detta kan leda till en mer riktad marknadsföring, vilket i sin tur kan öka effektiviteten i företagets marknadsföringsinsatser och maximera sin investering.

OpenAI är också ett kraftfullt verktyg för att förbättra beslutsfattandet inom företags verksamheter. Genom att använda tekniker som beslutsstöd och kunskapsbaserade system kan företag bättre fatta beslut och öka sin produktivitet. Det här innebär att man kan fatta beslut snabbare och med mindre oro, vilket leder till ökad effektivitet och bättre beslutsfattande.

Sammanfattningsvis är OpenAI en viktig teknologi för företag som vill förbättra sina affärsbeslut och maximera sin verksamhet. Genom att använda tekniker som prediktiv analys, maskinell inlärning, djup inlärning, beslutsstöd och kunskapsbaserade system kan företag bättre förstå sina kunders beteenden, förutsäga framtida trender, fatta mer informerade beslut och öka sin produktivitet.

Det är också viktigt att notera att OpenAI-teknologin är mycket flexibel och skalbar. Det gör det möjligt för företag att anpassa den till sina unika affärsbehov och verksamheter, oavsett om det handlar om att automatisera affärsprocesser, förbättra kundupplevelsen eller öka beslutsfattande.

OpenAI-teknologi är också säker och använder den senaste tekniken för att skydda företagets data och information. Det är viktigt att företag väljer en pålitlig och säker OpenAI-leverantör för att säkerställa att deras data och information är skyddad.

Så, för att sammanfatta, OpenAI är en viktig teknologi för företag som vill förbättra sin verksamhet, öka lönsamhet och fatta bättre affärsbeslut. Genom att använda OpenAI-teknologi kan företag automatisera sina affärsprocesser, förbättra kundupplevelsen, förbättra beslutsfattandet och förutsäga framtida trender. Och med den flexibla och skalbara naturen av OpenAI-teknologin, och den höga säkerheten, är det en viktig investering för företag som vill förbättra sin verksamhet och öka lönsamheten.

Kapitel 7: OpenAI för effektivare marknadsföring och försäljning

OpenAI har möjliggjort för företag att effektivisera sin marknadsföring och försäljning på många sätt. Genom att använda kunskapsintensiv teknologi som maskininlärning och konstig intelligens, kan företag förbättra sin marknadsföring och försäljning genom att få bättre insikter och mer relevant information om sina kunder och marknader.

Ett exempel på detta är användningen av prediktiv Analytics för att förutsäga framtida konsumentbeteenden och trender. Genom att använda OpenAI-teknologi, kan företag få insikter om vilka produkter och tjänster som kommer att vara mest efterfrågade och ta bättre beslut om sina marknadsförings- och försäljningsstrategier. Detta kan leda till ökad lönsamhet och minskad risk för företaget.

En av de mest kraftfulla användningarna av OpenAI för prediktiv analys är förutsägelse av framtida konsumentbeteenden och trender. Här är några exempel på sådana analyser:

Förutsägelse av försäljning: Företag kan använda OpenAI för att förutsäga framtida försäljning baserat på tidigare försäljningsdata, konsumentbeteenden och marknadsförhållanden.

En AI-modell för förutsägelse av försäljning kan byggas med en rad olika tekniker inom maskininlärning, till exempel beslutsträd, random forests eller en artificiellt neural network (ANN). Dessa modeller tar in historiska data om försäljning, såsom antal sålda enheter, omsättning och försäljningskanaler, samt externa faktorer som väder, händelser och ekonomiska trender, för att förutsäga framtida försäljning.

En annan teknik som är användbar för förutsägelse av försäljning är time-series forecasting. Denna metod förutspår försäljning baserat på tidigare försäljningsdata över en tidsperiod, såsom veckor eller månader. Time-series forecasting använder oftast tekniker som ARIMA-modeller eller LSTM-nätverk för att generera förutsägelser.

För att förbättra noggrannheten i förutsägelserna kan man också använda en kombination av olika tekniker, såsom en hybridmodell som kombinerar flera AI-tekniker för att ta hänsyn till både interna och externa faktorer. Denna typ av modell är mycket kraftfull och kan ge mycket noggranna förutsägelser om framtida försäljning.

Trendprognoser: OpenAI kan användas för att upptäcka och förutsäga framtida trender inom produktkategorier, branscher och geografiska områden.

Det finns många olika typer av AI-modeller som kan användas för att generera trendprognoser. Här är några exempel:

Artificial Neural Network (ANN): ANN använder sig av ett nätverk av kopplade enheter som är tränade att förutspå framtida trender. ANN-modellen tar in historiska data och externa faktorer för att förutsäga trender i framtiden.

Time-series forecasting: Denna teknik använder tidsserier data för att förutspå trender. Den använder tekniker som ARIMA-modeller eller LSTM-nätverk för att generera förutsägelser.

Machine Learning Algorithms: Algoritmer som beslutsträd, random forests och SVM kan också användas för att förutsäga trender. Dessa algoritmer tar in historiska data och andra externa faktorer för att förutspå framtida trender.

Deep Learning Algorithms: Tekniker som Convolutional Neural Networks (CNN) och Recurrent Neural Networks (RNN) är också mycket använda för trendprognoser. Dessa tekniker använder sig av stora mängder historiska data för att lära sig om mönster och trender.

Det är viktigt att notera att för att få så noggranna trendprognoser som möjligt, är det viktigt att ha tillgång till tillräckligt med relevant data och en god förståelse för branschen och marknaden man vill förutspå trender inom.

Konsumentprofilering: Genom att analysera stora mängder konsumentdata kan företag använda OpenAI för att förstå konsumentbeteenden och förutsäga framtida köpbeteenden.

En AI-modell för konsumentprofilering kan använda en kombination av maskinell inlärning och datamining för att analysera en mängd data om en konsument, inklusive köphistorik, online-aktiviteter, demografisk information och sociala medier-engagemang, för att skapa en detaljerad profil av konsumenten. Denna profil kan sedan användas för att personifiera marknadsföringen, förbättra kundupplevelsen och förutspå framtida köpbeteende. En exempelmodell kan vara en AI-drivna profileringstjänst som samlar in data från ett antal källor, inklusive e-handelssajter, sociala medier och affärsregister, och använder den informationen för att skapa en sammanfattning av konsumentens intressen, vanor och preferenser. Modellen kan också använda denna information för att förutse framtida köpbeteende och föreslå produkter och tjänster som passar konsumentens profil.

Marknadssegmentering: OpenAI kan användas för att upptäcka och förutsäga framtida marknadssegment och anpassa marknadsföringsstrategier och produktutbud därefter.

En AI-modell för marknadssegmentering kan använda maskininlärning och datamining för att analysera en stor mängd data om konsumenter, inklusive demografisk information, köphistorik och online-aktiviteter, för att gruppera dem i relaterade segment baserat på liknande intressen, beteenden och preferenser. Dessa segment kan sedan användas för att målinrikta marknadsföring och förbättra kundupplevelsen. En exempelmodell kan vara en AI-drivna tjänst som samlar in data från ett antal källor, inklusive e-handelssajter, sociala medier och affärsregister, och använder informationen för att gruppera konsumenter i relaterade segment. Modellen kan också använda denna information för att förutsäga framtida köpbeteende och föreslå produkter och tjänster som är lämpliga för varje marknadssegment.

Konsumentfeedback: Genom att analysera stora mängder konsumentfeedback kan företag använda OpenAI för att förstå konsumentbeteenden och förutsäga framtida trender i konsumentbehov och preferenser.

En AI-modell för konsumentfeedback kan använda tekniker som naturlig språkbehandling (NLP) och textanalys för att automatiskt analysera stora mängder konsumentrespons, inklusive recensioner, sociala medier inlägg och kundservicekonversationer. Modellen kan sedan använda denna information för att förstå konsumenternas åsikter, preferenser och bekymmer och använda den informationen för att förbättra företagets produkter och tjänster. En exempelmodell kan vara en AI-drivna tjänst som samlar in recensioner från olika plattformar och använder NLP för att analysera och kategorisera konsumentfeedback. Modellen kan också generera sammanfattningar och insikter om viktiga teman och frågor som upprepas bland konsumenterna, samt hjälpa företaget att övervaka och hantera kundservicerelaterade frågor på ett mer effektivt sätt.

Dessa är bara några exempel på hur OpenAI kan användas för att göra prediktiv analys och förutsäga framtida konsumentbeteenden och trender. Genom att integrera OpenAI i sitt affärsbeslutsfattande kan företag fatta mer informerade beslut och öka sin konkurrenskraft.

OpenAI kan också användas för att automatisera viktiga affärsprocesser som lead-generering och kundservice. Genom att använda maskininlärning och konstig intelligens, kan företag automatisera sina lead-genereringsprocesser och hantera kundservicefrågor snabbare och mer effektivt. Detta kan leda till ökad kundtillfredsställelse och lägre kostnader för företaget.

En annan användning av OpenAI i marknadsföring och försäljning är personalisering av kundupplevelsen. Genom att använda teknologin, kan företag erbjuda en mer personlig och anpassad kundupplevelse, genom att till exempel använda teknik för riktad annonsering och produktrekommendationer. Detta kan leda till ökad kundlojalitet och högre försäljning för företaget.

En algoritm som ofta används i AI-baserad marknadsföring är rekommendationsalgoritmer, som är utformade för att föreslå relevanta produkter eller tjänster för en specifik användare baserat på dess historik och beteende. En exempelalgoritm är en kollaborativ filtrering, som använder data från tidigare interaktioner och köp av användare för att bestämma deras preferenser och föreslå lämpliga produkter.

En annan vanlig algoritm är beslutsträdsalgoritmer, som använder en hierarkisk modell för att fatta beslut baserat på en mängd faktorer, såsom konsumentbeteende, demografiska data och historiska köp. Dessa algoritmer används ofta för att bestämma den mest lämpliga marknadsföringsstrategi för en specifik målgrupp, eller för att personifiera erbjudanden och reklambudskap för en individ.

En annan exempelalgoritm är klustringsalgoritmer, som använder en grupperingsteknik för att dela upp en stor mängd konsumentdata i mindre grupper baserat på liknande beteenden och preferenser. Dessa grupper kan sedan användas för att skapa mer relevanta och effektiva marknadsföringsstrategier och personifierade erbjudanden för varje kundsegment.

Det är viktigt att notera att OpenAI är en mångsidig teknologi och att det finns många olika sätt för företag att använda den för att förbättra sin marknadsföring och försäljning. Företag bör utforska de olika möjligheterna och välja den som bäst passar deras affärsbehov och verksamheter.

OpenAI teknologi kan användas för att förbättra marknadsföring och försäljning på flera sätt. För det första kan AI-modeller användas för att förutse och målrikta potentiella kunder med mer relevant och personlig marknadsföring. Genom att samla in data från sociala medier, sökmotorfrågor och annan webbaktivitet kan OpenAI förstå en persons beteenden och intressen och använda den informationen för att skräddarsy en marknadsföringsstrategi.

AI-modeller kan också användas för att optimera annonsutgifter. Genom att analysera annonsträffsäkerhet och lära sig från framgångsrika annonser, kan OpenAI hjälpa företag att maximera sina annonsutgifter genom att målrikta de mest effektiva annonskanalerna.

33

Vidare kan OpenAI teknologi användas för att förbättra den totala kundupplevelsen under hela försäljningsprocessen. AI-chattrobotar och virtuella assistenter kan användas för att hantera enkla förfrågningar från kunder och till och med hjälpa dem att genomföra en beställning, vilket sparar tid och kostnader för företaget och förbättrar samtidigt kundupplevelsen.

Slutligen kan OpenAI teknologi användas för att förbättra försäljningsprognoser och förbättra affärsbeslutsfattande. AI-modeller kan analysera historiska försäljningsdata och andra relevanta faktorer för att förutsäga framtida försäljning, vilket ger företag en bättre idé om hur man kan anpassa sitt affärsbeslutande för att nå sina mål.

Sammantaget är OpenAI teknologi en mäktig verktygskasse för företag som vill förbättra sin marknadsföring, försäljning och affärsbeslutsfattande. Genom att använda teknologin på rätt sätt kan företag öka sin produktivitet, sänka sina kostnader och förbättra sin totala lönsamhet.

OpenAI är ett kraftfullt verktyg för företag som vill förbättra sina marknadsförings- och försäljningsstrategier. Genom användning av avancerad AI-teknik, såsom prediktiv analys, konsumentprofilering, marknadssegmentering och konsumentfeedback, kan företag få en djupare förståelse för sina kunders beteenden och trender, vilket i sin tur leder till mer effektiv marknadsföring och försäljning. Algoritmer som används inom AI-baserad marknadsföring inkluderar bland annat klustringsalgoritmer och modeller för trendprognoser. Genom att integrera OpenAI i sin företagsinfrastruktur, kan företag förbättra sin kundupplevelse och öka sin lönsamhet.

Kapitel 8: OpenAI i produktutveckling och innovation

OpenAI har stor potential att spela en central roll i produktutveckling och innovation för företag. Genom att använda avancerad AI-teknik kan företag förbättra sin produktutveckling, utforska nya affärsmöjligheter och effektivisera sin innovation. Här är några av de sätt på vilka OpenAI kan stödja produktutveckling och innovation.

- Utforska nya affärsmöjligheter: OpenAI kan hjälpa företag att identifiera och utforska nya affärsmöjligheter genom att analysera och sammanställa data från ett brett spektrum av källor. Denna information kan användas för att identifiera och prioritera nya marknadsmöjligheter, förbättra befintliga produkter eller tjänster och utforska nya affärsmodeller.

OpenAI har potentialen att utforska nya affärsmöjligheter genom sin förmåga att säkerställa datainsamling, bearbetning och analys på ett effektivt och automatiserat sätt. Det hjälper företag att få en bättre förståelse för konsumentbeteenden, marknadsförhållanden, produktinnovationer och branschtrender. Genom att använda avancerade machine learning-tekniker som till exempel deep learning, beslutsstödsalgoritmer och data visualisering, kan OpenAI generera värdefulla insikter som företag kan använda för att ta bättre affärsbeslut.

Företag kan också använda OpenAI för att utveckla och testa nya produkter och tjänster på ett snabbare och mer kostnadseffektivt sätt, genom att använda simuleringar och virtuella modeller. OpenAI hjälper också företag att effektivt prioritera och implementera nya idéer, genom att använda avancerade algoritmer för att övervaka och förutse konsumentbehov och trender.

Således kan OpenAI bidra till en ökad innovationstakt för företag, genom att ge dem de verktyg de behöver för att säkerställa att de är i framkanten av teknologisk utveckling och förbättra deras affärsresultat.

- Förbättra produktkvalitet: OpenAI kan användas för att förbättra produktkvaliteten genom att samla in data från många källor och analysera det för att avgöra vilka förbättringar som kan göras. Detta kan innebära att använda AI-teknik för att förbättra produktens design eller för att optimera prestandan och användarvänligheten.

OpenAI kan bidra till att förbättra produktkvaliteten genom att tillämpa avancerade tekniker som konstgjord intelligens, maskininlärning och djupinlärning för att automatisera olika delar av produktutvecklingsprocessen. Genom att analysera stora mängder data om konsumentbeteende, marknadsbehov, produktpreferenser och tekniska specifikationer, kan OpenAI identifiera mönster och trender som kan påverka produktkvaliteten.

Till exempel kan OpenAI användas för att automatisera produktprototyping och simuleringar, vilket gör det möjligt att snabbare och mer effektivt testa och utvärdera nya idéer och koncept. Det kan också hjälpa till att förbättra produktionsprocessen genom att förutse och förebygga potentiella problem och störningar, samt optimera produktionsflödet för att öka effektiviteten.

Vidare kan OpenAI användas för att generera nya produktidéer och koncept, baserat på en djup förståelse för marknadsbehov och konsumentpreferenser. Genom att kombinera tekniker för datamining och konstgjord intelligens, kan OpenAI analysera stora mängder data om produkter, branscher och marknader, för att identifiera möjligheter för innovation och förbättring.

- Förbättra beslutsfattande: OpenAI kan användas för att förbättra beslutsfattande i produktutveckling och innovation genom att tillhandahålla insikter och prognoser som baseras på dataanalys. Detta kan bidra till en mer effektiv produktutveckling och innovation, eftersom beslutsfattare har tillgång till mer relevant information och prognoser när de tar beslut om produktutveckling och innovation.

OpenAI är en teknologi som är utvecklad för att förbättra beslutsfattande genom att använda kraftfull kunskap och analys. Det kan göra detta på många olika sätt, inklusive genom att samla in och analysera stora mängder data, genom att förutsäga framtida trender och utvecklingar, och genom att förse beslutsfattare med relevant information när det är viktigt.

OpenAI använder sig av machine learning-teknik för att analysera data och generera insikter och förutsägelser. Detta innebär att teknologin lär sig från tidigare data och förbättrar sina resultat över tiden. Genom att använda detta kan OpenAI bidra till att förbättra beslutsfattandet genom att tillhandahålla mer exakta och relevanta data.

Dessutom kan OpenAI användas för att automatisera många av de manuella beslutsfattande-processerna. Detta innebär att beslutsfattare inte längre behöver ta sig igenom stora mängder information manuellt, eftersom OpenAI kan göra det åt dem. Det kan leda till snabbare och mer effektiva beslut, eftersom beslutsfattare inte behöver vänta på information eller förlora tid på att hitta och sammanställa data.

Slutligen, genom att använda OpenAI för beslutsfattande, kan företag öka sin konkurrenskraft och förbättra sin förmåga att snabbt anpassa sig till förändringar på marknaden. Detta innebär att företag kan bli mer innovativa och effektiva, vilket kan leda till ökad framgång och lönsamhet.

- Förbättra samarbete och samarbete: OpenAI kan också användas för att förbättra samarbetet och samarbetet mellan olika avdelningar och team inom ett företag. Genom att samla in och analysera data från många källor, kan OpenAI tillhandahålla en helhetssyn på produktutveckling och innovation som kan hjälpa teamen att arbeta tillsammans mer effektivt.

- Öka innovationstakten: Slutligen kan OpenAI användas för att öka innovationstakten för företag. OpenAI-teknologi kan hjälpa företag att öka sin innovationstakt genom att automatisera många av de manuella processerna som är en del av produktutvecklingscykeln. Detta kan inkludera allt från idégenerering till prototyping och testning.

Vid idégenerering kan OpenAI-algoritmer användas för att analysera stora mängder data och identifiera mönster och trender i marknaden. Detta kan hjälpa företagen att identifiera nya möjligheter och potentiella nischer.

Vid prototyping kan OpenAI-algoritmer användas för att skapa och simulera olika produktkoncept, samt för att optimera produktdesignen för bästa prestanda och användbarhet.

Vid testning kan OpenAI-algoritmer användas för att automatiskt utföra tester på produktprototyper, samt för att analysera resultaten och identifiera förbättringsområden.

Genom att automatisera dessa processer kan företagen få en snabbare och mer effektiv produktutvecklingscykel, samtidigt som man undviker många av de manuella felkällorna som kan uppstå vid manuell hantering. På så sätt kan företaget öka sin innovationstakt och bli mer konkurrenskraftiga på marknaden.

Kapitel 9: OpenAI för förbättring av arbetsflöden och produktivitet

OpenAI kan användas för att förbättra arbetsflöden och produktivitet på ett antal sätt. Genom att automatisera en mängd uppgifter och processer kan anställda frigöras från tidskrävande arbeten och i stället fokusera på mer strategiska och kreativa uppgifter. Här är några exempel på hur OpenAI kan förbättra arbetsflöden och produktivitet:

Automatisering av rutinuppgifter: OpenAI kan användas för att automatisera rutinuppgifter, såsom svar på e-post, rapportering och dokumentation. Detta kan spara en stor mängd tid och resurser, samtidigt som det reducerar risken för humana fel.

Effektivisering av arbetsflöden: OpenAI kan användas för att optimera arbetsflöden och ta bort onödiga steg. Detta kan förbättra processerna och öka effektiviteten, samtidigt som det bidrar till en mer lönsam verksamhet.

Förbättring av beslutsfattande: OpenAI kan användas för att analysera stora mängder data och generera insikter som annars skulle vara svåra eller omöjliga att upptäcka. Detta kan förbättra beslutsfattandet och leda till bättre beslut och resultat.

Prediktiv analys: OpenAI kan användas för att generera prediktiv analys, vilket kan hjälpa företag att förutsäga framtida trender och mönster. Detta kan vara användbart för att fatta bättre beslut och för att förbereda företaget för framtida utmaningar och möjligheter.

Personlig tilldelning av uppgifter: OpenAI kan användas för att tilldela uppgifter till rätt anställda baserat på deras kompetenser och tillgänglighet. Detta kan förbättra samarbetet och öka produktiviteten.

Att använda OpenAI för att förbättra arbetsflöden och produktivitet är en naturlig användning av teknologin. En AI-modell kan användas för att automatisera repetitiva uppgifter, vilket frigör tid för människor att fokusera på mer kreativa och kritiska uppgifter. Dessutom kan AI hjälpa till att förbättra processerna genom att hitta ineffektiviteter och föreslå förbättringar.

Ett exempel på en AI-modell som kan användas för att förbättra arbetsflöden och produktivitet är en "Chatbot". En chatbot är en AI-drivna system som använder natural language processing (NLP) för att kommunicera med användare via text- eller röstbaserade samtal. Chatbots kan användas för att automatisera kundservice och support, såsom att besvara ofta förekommande frågor eller hjälpa kunder att boka tider. Detta kan hjälpa till att effektivisera kundservice-processen och frigöra tid för människor att fokusera på mer komplexa uppgifter.

En annan användning av OpenAI för att förbättra arbetsflöden och produktivitet är att använda en AI-modell för att analysera och optimera affärsprocesser. En AI-modell kan användas för att analysera en organisations befintliga arbetsflöden och hitta potentiella ineffektiviteter. Därefter kan modellen föreslå förbättringar för att göra processerna mer effektiva och produktiva.

OpenAI kan också användas för att förbättra samarbetet och kommunikationen inom en organisation. AI-baserade system kan användas för att samla och analysera data från olika källor för att förbättra samarbetet och kommunikationen mellan team och avdelningar. Detta kan bidra till att öka produktiviteten och effektiviteten på arbetsplatsen.

Slutligen kan OpenAI användas för att förbättra produktutvecklingen. AI-modeller kan användas för att analysera marknads- och konsumentdata för att förutse konsumentbehov och trender. Denna information kan sedan användas för att förbättra produktutvecklingen och säkerställa att organisationen utvecklar produkter som konsument vill ha.

När det kommer till att förbättra arbetsflöden och produktivitet kan OpenAI vara ett kraftfullt verktyg för företag. OpenAI-teknologi kan användas för att automatisera uppgifter och rutiner som tidigare krävde mänsklig inblandning, vilket kan frigöra tid och resurser som annars skulle ha gått åt till manuella uppgifter. Detta kan leda till ökad produktivitet och mer effektiva arbetsflöden.

Ett exempel på detta kan vara automatisering av inläsning och tolkning av stora mängder data, till exempel företagets ekonomiska data eller kundfeedback. OpenAI kan användas för att snabbt och effektivt analysera denna information och generera lättförståeliga rapporter som kan hjälpa företagsledningen att fatta informerade beslut.

OpenAI kan också vara användbar för att förbättra interna kommunikationsflöden genom att automatisera uppgifter som att skapa e-postmeddelanden, generera rapporter och hantera kalendrar. Dessa automatiserade uppgifter kan hjälpa till att minimera trötthet och förbättra produktiviteten hos de anställda.

Slutligen kan OpenAI-teknologi användas för att förbättra samarbetet mellan olika avdelningar inom företaget. Genom att samla information från olika källor och sammanställa den i en central plattform kan OpenAI bidra till ett mer samordnat och effektivt arbetsflöde mellan olika avdelningar.

I sammanfattning kan OpenAI vara ett kraftfullt verktyg för företag som önskar förbättra arbetsflöden och produktivitet. Genom att automatisera en mängd uppgifter och processer, samt generera insikter och förbättra beslutsfattandet, kan OpenAI bidra till en mer effektiv verksamhet och bättre affärsresultat.

Kapitel 10: OpenAI och säkerhet: skydda företagsdata och information

OpenAI spelar en viktig roll i säkerhet, eftersom den kan bidra till att skydda företagsdata och information på flera sätt. Företag samlar in en enorm mängd data var e dag, och det är viktigt att säkerställa att denna information är säker och skyddad mot obehörig tillgång och användning.

Ett av de viktigaste sätten som OpenAI bidrar till säkerhet är genom automatisering av säkerhetsarbete. Detta innebär att man kan använda OpenAI för att övervaka system och identifiera och förhindra potentiella säkerhetshot. Till exempel kan OpenAI användas för att upptäcka och blockera intrångsförsök, som phishing-försök eller försök att få tillgång till system och data utan behörighet.

OpenAI kan också användas för att skydda företagsdata genom kryptering. Denna teknik gör det svårt för obehöriga användare att läsa eller ändra information, eftersom den är kodad. Dessutom kan OpenAI användas för att upptäcka och reagera på eventuella säkerhetsincidenter, som data som läcker ut eller används på obehörigt sätt.

En annan viktig användning för OpenAI i säkerhet är för så kallad "bedrägeriupptäckt". OpenAI kan användas för att upptäcka och förhindra bedrägerier, som till exempel falska transaktioner eller identitetsstöld. Genom att använda avancerade algoritmer och maskininlärning, kan OpenAI lära sig och upptäcka mönster i transaktionsdata och använda den informationen för att upptäcka eventuella bedrägerier.

I en digital värld där mängden data och information ökar exponentiellt, har säkerhet blivit en allt viktigare fråga för företag. OpenAI kan vara en viktig spelare i det här sammanhanget genom att bidra till att förbättra säkerheten för företagsdata och information.

Ett av de viktigaste sätten OpenAI kan bidra till förbättrad säkerhet är genom användning av konstgjord intelligens för säkerhetsskanningar. Dessa skanningar kan vara förebyggande och hjälpa till att upptäcka potentiella säkerhetshot och brister i realtid. OpenAI-modeller kan också användas för att analysera stora mängder data för att hitta mönster och indikationer på säkerhetsproblem, som till exempel intrångs- eller dataläckage.

OpenAI kan också hjälpa till att förbättra lösenords- och autentiseringsprocesser, till exempel genom att använda konstgjord intelligens för att generera säkra lösenord eller förbättra autentiseringsmetoderna för att förhindra obehörig åtkomst till företagsdata och information.

En annan viktig användning av OpenAI i säkerhet är för bedrägeridetektering. OpenAI-modeller kan användas för att analysera mängder av data från olika källor, inklusive transaktionshistorik, sociala medier, e-posttrafik och andra källor, för att upptäcka mönster och indikationer på bedrägeri eller annat oetiskt beteende.

Till sist kan OpenAI också bidra till att förbättra säkerheten vid förvaltning av företagsdata och information. OpenAI-modeller kan användas för att säkerställa att företagsdata hålls säkert och skyddat från obehörig åtkomst och för att säkerställa att informationen inte förloras eller korrumperas.

OpenAI kan spela en viktig roll i att förbättra säkerheten för företagsdata och information, genom att bidra till att förebygga säkerhetshot, förbättra autentiseringsprocesser, upptäcka bedrägerier och säkerställa att företagsdata hålls säkert.

Sammantaget är OpenAI en mycket viktig teknik för att säkerställa säkerheten för företagsdata och information. Genom att automatisera säkerhetsarbete, skydda data genom kryptering, upptäcka säkerhetsincidenter och bedrägerier, bidrar OpenAI till att förbättra säkerheten för företag och skydda deras viktigaste information och data.

Det finns flera exempel på produkter som använder OpenAI för att skydda företagsdata och information. Ett av de mest uppenbara användningsområdena är säkerhetsverktyg för cyberbrottsbekämpning. Dessa verktyg kan använda OpenAI för att automatiskt identifiera och blockera hot mot företagets nätverk och data.

En annan användning av OpenAI inom säkerhetsområdet är för att skydda företagsintellektuella rättigheter och hemligheter. Företag kan använda OpenAI för att identifiera och skydda sina varumärken och produktpatent från kopiering och missbruk.

OpenAI kan också användas för att säkerställa datakvalitet och integritet genom att automatiskt validera och korrigera data som överförs mellan företagets system och tredjepartssystem. Detta hjälper till att minimera risken för dataförlust eller -skador.

En annan användning av OpenAI inom säkerhetsområdet är för att skydda personuppgifter och integritet. Företag kan använda OpenAI för att automatiskt identifiera och skydda personuppgifter från obehörig åtkomst och användning.

Sammanfattningsvis är OpenAI ett kraftfullt verktyg för att skydda företagsdata och information från cyberhot, företagsintellektuella rättigheter, dataintegritet, personuppgiftsskydd och andra säkerhetsrelaterade frågor.

Det finns många företag och applikationer som använder OpenAI i sina produkter för att skydda företagsdata. Här är några exempel:

Acronis: En global ledare inom cyberbeskydd som använder OpenAI för att optimera sina säkerhetssystem och förbättra skyddet för företagsdata.

CloudMinds: Ett teknikföretag som använder OpenAI för att säkerställa säkerhet och integritet i sina Cloud baserade system.

Cylance: Ett säkerhetsföretag som använder OpenAI för att skapa AI-drivna säkerhetslösningar som skyddar företagsdata.

Darktrace: Ett cyberbeskyddsföretag som använder OpenAI för att skydda företagsdata och system mot cyberhot och databränder.

FireEye: En global ledare inom cyberbeskydd som använder OpenAI för att skydda företagsdata och system mot cyberhot.

Forcepoint: Ett säkerhetsföretag som använder OpenAI för att skapa AI-drivna säkerhetslösningar för skydd av företagsdata.

Dessa är bara några få exempel på företag och applikationer som använder OpenAI för att skydda företagsdata och information.

Kapitel 11: Användning av OpenAI i finansiella tjänster

OpenAI är en av de ledande teknologierna inom konstig intelligens som har potentialen att revolutionera finansiella tjänster. AI har redan visat sig vara användbar inom många områden inom finanssektorn, inklusive bedrägeribekämpning, riskhantering, kreditbeslut och investeringsrådgivning. Här är några exempel på hur OpenAI används inom finansiella tjänster.

Bedrägeribekämpning: OpenAI används för att detektera och förebygga bedrägerier inom finanssektorn. AI-modeller kan analysera stora mängder data från olika källor, inklusive transaktioner, kundbeteenden och enheter, för att identifiera och flagga ovanliga eller misstänkta aktiviteter.

En AI-modell för bedrägeribekämpning är en systematiserad tillvägagångssätt för att detektera och förhindra bedrägeri. Modellen använder olika tekniker, såsom maskininlärning och datamining, för att analysera enorma mängder data från olika källor, inklusive transaktionshistorik, kunders beteende och ekonomiska information. Genom att analysera denna information kan modellen identifiera mönster och förändringar som kan vara tecken på bedrägeri och flagga dem för granskning. Modellen kan också använda mer avancerade tekniker, såsom neurala nätverk och beslutskärnor, för att göra mer avancerade prognoser och förutsägelser. Genom att använda AI för bedrägeribekämpning kan finansiella institutioner och företag minskar risken för bedrägeri, öka säkerheten för sina kunders information och förbättra sin totala prestanda.

Riskhantering: OpenAI används för att hjälpa företag att hantera risker inom finansiella tjänster. AI-modeller kan användas för att förutsäga marknadsförändringar och risker, och hjälpa företag att ta mer informerade beslut om sina investeringar.

En AI-modell för riskhantering inom finans kan användas för att hantera och minimera riskerna i finansiella transaktioner och investeringar. Modellen kan tränas på historiska finansiella data för att identifiera mönster och trender i finansmarknaden, samt för att upptäcka potentiella risker.

Modellen kan sedan användas för att analysera nuvarande och framtida finansiella situationer och förutsäga potentiella risker. Detta kan hjälpa finansinstitutioner att ta informerade beslut om investeringar och riskhantering.

En annan användning av AI-modeller inom riskhantering inom finans är att övervaka och upptäcka anomalier i finansiella transaktioner. Modellen kan lära sig att identifiera normalt beteende och flagga ovanliga händelser som kan indikera bedrägeri eller annan form av risk.

AI-modeller kan också användas för att optimera portföljhantering genom att förutsäga framtida marknadsutveckling och föreslå anpassade investeringsstrategier för individer och organisationer.

I sammanfattning, AI-modeller för riskhantering inom finans kan bidra till en mer effektiv och säker hantering av finansiella transaktioner och investeringar genom att identifiera och minimera risker, övervaka finansiella anomalier och optimera portföljhantering.

Kreditbeslut: OpenAI används för att förbättra kreditbeslut inom finansiella tjänster. AI-modeller kan användas för att analysera stora mängder data om kreditansökningar, inklusive kreditbetyg, inkomst och tidigare kreditbetalningshistorik, för att fatta snabba och effektiva kreditbeslut.

En AI-modell för kreditbeslut är en teknik som använder kunskapsbaserad lärande och maskininlärning för att ta beslut om vilka individer eller företag som ska beviljas ett lån. Modellen tar hänsyn till en mängd faktorer, inklusive kreditvärdighet, inkomster, tidigare lån och betalningar, sysselsättning och andra ekonomiska data, för att bedöma risken för att låntagaren inte kommer att kunna betala tillbaka lånet. Modellen använder dessa faktorer för att beräkna en kreditvärdering, vilken i sin tur används för att besluta om lånet ska beviljas eller inte. AI-tekniken gör det möjligt att automatisera och optimera beslutsfattandeprocessen, samtidigt som det möjliggör en mer objektiv bedömning av låneansökningar än vad en människa ensam skulle kunna göra.

Investeringsrådgivning: OpenAI används för att förbättra investeringsrådgivningen inom finansiella tjänster. AI-modeller kan användas för att analysera stora mängder data om marknader, företag och branscher, för att generera investeringsrekommendationer som är mer anpassade till den enskilda investerarens behov och mål.

En AI-modell för investeringsrådgivning kan använda tekniker som maskininlärning, datamining och statistisk analys för att förutsäga framtida marknadsutveckling och tillgångspriser. Modellen kan samla in data från en mängd källor, inklusive ekonomiska indikatorer, politiska händelser, företagsnyheter och sociala medieplattformar, för att skapa en samlad bild av marknadsförhållandena. Modellen kan också använda tekniker som naturlig språkbehandling för att analysera sentiment och känslor kring viktiga frågor och företag.

En AI-modell för investeringsrådgivning kan också använda tekniker som Monte Carlo-simulering och portföljoptimering för att hjälpa investerare att förstå risker och möjliga utfall för sina investeringar. Modellen kan också använda tekniker som robot-rådgivning för att automatisera investeringsrekommendationer och anpassa dem till en investerares specifika mål och preferenser.

Modellen kan också samarbeta med andra AI-system för att förbättra sina investeringsrekommendationer. Till exempel, den kan använda data från andra system för att förutsäga företags resultat och händelser, eller använda data från system som specialiserade på en viss sektor för att förbättra sina investeringsrekommendationer för den sektorn.

OpenAI är också viktigt för att hantera stora mängder data inom finansiella tjänster. AI-teknologi kan hantera stora mängder data på ett snabbt och effektivt sätt, vilket gör det möjligt för företag att göra snabba och informerade beslut. Dessutom är OpenAI ett kraftfullt verktyg för att automatisera många manuella processer inom finansiella tjänster, inklusive handelstransaktioner.

Kapitel 12: OpenAI och Supply Chain Management

OpenAI har revolutionerat Supply Chain Management (SCM) på många sätt genom att tillhandahålla en mängd avancerade AI-modeller som hjälper till att optimera och automatisera olika aspekter av supply chain-processer. AI-teknik kan hjälpa till att förbättra supply chain-effektiviteten, minska kostnader och öka kundnöjdheten genom att tillhandahålla mer noggranna och realtidsinformationsbaserade beslut.

En AI-modell som används inom SCM är en förutsägelsemodell för efterfrågan. Denna modell använder historiska data från försäljning och kundbeteende tillsammans med externa faktorer som väder, ekonomi och konkurrens för att förutsäga framtida efterfrågan på varor och tjänster. Genom att ha tillgång till noggranna förutsägelser om efterfrågan kan företag bättre planera och hantera sin lagerhållning, minimera risken för över eller under-lagerhållning samt förbättra kundservice genom att ha tillgång till tillräckliga produktreserver.

En AI-modell för efterfrågeprognos inom Supply Chain Management (SCM) är en teknik som använder maskininlärning och statistiska metoder för att förutspå framtida efterfrågan på produkter och tjänster. Modellen samlar in och analyserar stora mängder data från olika källor, inklusive historiska försäljningsdata, makrotrender, säsongsbetonade faktorer, samt konsumentbeteende och preferenser.

Genom att använda avancerade algoritmer som till exempel tidseriesamling, regression och besluts träd, modellen kan skapa en detaljerad prognos av den framtida efterfrågan. Detta hjälper företag att planera sin produktion och leverans på ett mer effektivt sätt, samt minimera risken för över eller underproduktion.

Modellen kan också användas för att optimera försäljningsprognoser och förbättra beslutsfattande inom områden som inköp, lagerhantering och distributionsplanering. Genom att förutse framtida efterfrågan på produkter, kan företag också förbättra sina försäljningsprognoser och ta mer informerade beslut om produktionsvolym, prissättning och marknadsföringsstrategier.

En annan AI-modell som är viktig för SCM är en modell för transportoptimering. Denna modell använder data från transport rutter, leverans- och mottagardatorer, lastbilskapacitet och kostnader för att optimera rutter och minimera kostnader för transport. Genom att automatisera transportoptimeringen kan företag säkerställa att de får mest effektiv och kostnadseffektiv leveransservice samtidigt som de minimerar sina koldioxidutsläpp.

En AI-modell för transportoptimering inom Supply Chain Management (SCM) syftar till att förbättra logistik- och transportprocesserna genom att optimera viktiga beslut som rör transporter av varor och material. Modellen använder sig av big data-tekniker och maskininlärning för att samla in och analysera information om faktorer som rör transport och logistik, såsom väg- och trafikförhållanden, godstransportkapacitet, försäljningsprognoser, och kostnadsfaktorer.

Modellen tar sedan hänsyn till denna information när den fattar beslut om hur varor och material bör transporteras för att minimera kostnaderna och maximera effektiviteten. Detta inkluderar beslut om vilka fordon som ska användas, vilka rutter som bör väljas, och när varorna ska transporteras.

Modellen använder även realtidsdata från GPS och andra sensorer för att uppdatera och justera besluten i realtid, så att transporten alltid är optimal. Det hjälper också till att hantera och undvika potentiella problem, såsom förseningar eller störningar i transporten, och föreslå lösningar för att hålla supply chain-processerna i gång.

En AI-modell för transportoptimering kan öka effektiviteten och minska kostnaderna i en organisations supply chain, samtidigt som den ökar kvaliteten på den information som styr beslutet om transport. Modellen hjälper också till att förbättra leveranssäkerheten och minska negativ påverkan på miljön, genom att optimera transporten och minimera onödiga resor.

En annan AI-modell som används inom SCM är en modell för leveransplanering. Denna modell använder information om produktionskapacitet, produktionskostnader, leveranskostnader och efterfrågan för att optimera produktions- och leveransschema. Genom att automatisera leveransplaneringen kan företag säkerställa att de levererar varor och tjänster till rätt tidpunkt och med lägsta möjliga kostnad.

Leveransplanering är en viktig del av supply chain management där målet är att säkerställa att rätt varor levereras till rätt plats vid rätt tidpunkt med minsta möjliga kostnad. AI-modeller för leveransplanering använder tekniker som maskininlärning och "optimization" för att optimera leveransplanen och hjälpa till att undvika förseningar och överskridanden av budgeten.

Till exempel kan en AI-modell för leveransplanering analysera historiska data från tidigare leveranser, inklusive leveranstider, kostnader och andra relevanta faktorer, för att utveckla en förutsägelsemodell för framtida leveranser Modellen tar sedan hänsyn till faktorer som förändringar i efterfrågan, kapacitet och kostnader för att föreslå en optimerad leveransplan.

Modellen kan också användas för att simulera olika scenarier för att se hur leveransplanen påverkas av förändringar i faktorer som kapacitet, kostnader och efterfrågan. Detta hjälper till att säkerställa att leveransplanen är robust och kan hantera oväntade händelser och förändringar.

AI-modellen för leveransplanering kan också integreras med andra system som ERP, SCM och logistik för att säkerställa att all information om leveranser är up-to-date och samordnad. Detta gör det möjligt för företag att hålla koll på alla aspekter av leveranserna, inklusive leveranstider, kostnader och andra viktiga mätdata, för att förbättra beslutsfattande och optimera leveranserna.

OpenAI har också utvecklat modeller för automatisk problemidentifiering och lösning inom SCM. Dessa modeller använder en kombination av text- och datamining samt maskininlärning för att identifiera och lösa problem som kan uppstå inom supply chain-processer.

En AI-modell för automatisk problemidentifiering och lösning inom SCM är en teknik som använder maskininlärning och datamining för att upptäcka och lösa problem som kan uppstå under supply chain-processer. Modellen samlar in data från en mängd källor, inklusive företagsinternt data, leverantörsdata och marknadsdata. Denna information bearbetas sedan av AI-algoritmer som använder olika tekniker, såsom text- och datamining, för att analysera och förstå informationen.

Efter att informationen har bearbetats, använder modellen en kombination av reglerbaserade system och maskininlärning för att identifiera möjliga problem och föreslå lösningar. Modellen tar hänsyn till faktorer som leverantörsreliabilitet, produktionskapacitet och efterfrågan på varor och tjänster för att generera sina förslag.

AI-modellen använder även prognostiska modeller för att förutse framtida händelser och problem, vilket ger företagen möjlighet att proaktivt ta åtgärder för att undvika problem och förbättra processerna. Genom att automatisera många av de manuella processerna och ge företagen en övergripande bild av sina supply chain-processer, kan modellen hjälpa företagen att identifiera och lösa problem på ett mer effektivt sätt, samt förbättra hela sin produktivitet och driftskostnader.

En AI-modell för SCM som använder prognostiska modeller för att förutse framtida händelser och problem är en avancerad teknik som är utvecklad för att förbättra effektiviteten och prestandan inom supply chain-processer. Denna typ av AI-modell använder sig av en kombination av datamining, maskininlärning och prognostisk modellering för att förutsäga och hantera potentialproblem och möjliga risker.

Modellen samlar in och analyserar data från en mängd olika källor, inklusive företagsdata, marknadsdata och andra externa data, för att bilda en övergripande bild av de aktuella trenderna och förväntade utvecklingarna inom supply chain. Därefter använder modellen den samlade data för att utveckla prognostiska modeller för att förutse framtida händelser, som exempelvis kapacitetsproblem, leveransförseningar, prisökningar eller andra möjliga risker.

Dessa prognostiska modeller används sedan för att generera en realtidsövervakning och varsling om eventuella problem, så att företaget snabbt kan agera och minimera potentiella skador. Genom att använda denna typ av AI-modell kan

61

företag förbättra sin supply chain-planering, skydda sig mot risker och öka sin totala produktivitet.

En fördel med den här typen av AI-modell är att den inte bara är effektiv vid problemidentifiering, utan också vid att föreslå lösningar och åtgärder. Modellen kan använda sig av sina analyser och prognoser för att föreslå optimala beslut och åtgärder för att lösa eller minimera påverkan från framtida problem. Detta kan bidra till att förbättra beslutsfattande och öka sannolikheten för framgång inom supply chain management.

Till exempel kan en AI-modell användas för att övervaka leveranskedjan och identifiera eventuella fördröjningar eller avvikelser. Genom att använda data från en mängd olika källor, inklusive transporter, lager och produktion, kan modellen analysera mönster och identifiera orsaker till eventuella problem. Modellen kan sedan ge förslag på lösningar och hjälpa beslutsfattare att ta informerade beslut för att förbättra leveranskedjan.

Modellen övervakar och jämför data med förväntade resultat och skapar en modell för normalt beteende i leveranskedjan. När modellen upptäcker avvikelser från det normala beteendet, som exempelvis fördröjningar i leveransen, identifierar den det som ett potentiellt problem och genererar en varning.

Varningen innehåller information om vad som orsakade avvikelsen och möjliga lösningar. Modellen kan också ge rekommendationer om hur man bäst hanterar situationen, som exempelvis genom att justera produktionsschema eller ändra transport rutter.

Återkopplingen från modellen kan hjälpa företag att snabbt agera och lösa problem innan de påverkar leveranskedjan på ett större sätt. På så sätt kan modellen bidra till en mer effektiv och tillförlitlig leveranskedja samt öka kundtillfredsställelsen.

AI-modellen som övervakar leveranskedjan och identifiera eventuella fördröjningar eller avvikelser samlar in data från olika källor, som t.ex. sändningsspårning, transportleverantörers scheman, leveransbevis och annan relevant information. Modellen använder sedan tekniker som text- och datamining samt maskininlärning för att analysera denna data och identifiera mönster och avvikelser.

Modellen kan också använda prognostiska modeller för att förutse framtida händelser och problem, till exempel fördröjningar och oplanerade avbrott. Denna förmåga gör att modellen kan varna företaget i god tid innan problemen uppstår, vilket ger dem möjlighet att agera proaktivt och förhindra problem från att uppstå.

När en avvikelse identifieras, ger modellen återkoppling till företaget i form av ett larm eller en rapportering. Denna återkoppling innehåller information om orsaken till avvikelsen, tidsramen för problemet och potentiella lösningar. Företaget kan då använda denna information för att agera och lösa problemet, eller att fatta beslut om alternativa lösningar, såsom att använda en annan leverantör eller en annan transport rutt.

Genom att använda en AI-modell för att övervaka leveranskedjan, kan företag få en realtidsbild av sina leveranser och få tidig varning om eventuella problem. Detta hjälper företaget att förbättra sina leveransprocesser, minimera fördröjningar och förhindra eventuella förluster.

En annan användning av OpenAI inom SCM är för att optimera inköpsprocesser. En AI-modell kan analysera faktorer som inköpshistorik, leverantörsprestanda och produktkvalitet för att hitta möjligheter för kostnadsbesparingar och effektivisering. Modellen kan också användas för att förutsäga framtida inköpsbehov baserat på historiska data och därigenom hjälpa företag att undvika över- eller underbeställningar.

OpenAI kan användas inom SCM för att optimera inköpsprocesserna genom att använda avancerade AI-modeller och tekniker såsom text- och datamining, maskininlärning och prognostiskt. Modellerna kan användas för att förutsäga framtida efterfrågan, för att optimera transport rutter och för att förbättra leveransplanering.

En AI-modell för inköpsoptimering kan använda data från olika källor, såsom historiska inköpsdata, marknadsanalyser, leverantörsrelationer, befintliga avtal och kontrakt, samt kostnadsanalyser, för att förutse framtida inköpsbehov och föreslå optimala inköpsscheman. Modellen kan också använda information om leverantörsprestanda, tillgänglighet, kvalitet och kostnad för att välja de bästa leverantörerna och hitta de mest kostnadseffektiva lösningarna.

Modellen kan också använda prognostiska algoritmer för att förutse framtida inköp och justera inköpsstrategierna i realtid baserat på förändringar i marknadsförhållanden och efterfrågan. Dessutom kan modellen användas för att övervaka leverantörsleveranser och identifiera eventuella fördröjningar eller avvikelser, samt ge återkoppling till relevanta beslutsfattare.

Sammantaget kan en AI-modell för inköpsoptimering hjälpa företag att förbättra inköpsprocesserna genom att automatisera och optimera inköpsscheman, öka leverantörsreliabiliteten och effektiviteten, samt reducera kostnaderna.

En annan viktig användning av OpenAI inom SCM är för att öka transparens och spårbarhet i leveranskedjan. Genom att använda AI-modeller för att samla in och analysera data från en mängd olika källor kan företag få en heltäckande bild av sin leveranskedja, inklusive information om varje enskilt steg och var produkterna kommer från. Detta kan hjälpa företag att förbättra sin samordning med leverantörer, öka transparens och minskar risken för bedrägerier eller oetiska praktiker.

OpenAI inom Supply Chain Management (SCM) kan öka transparens och spårbarhet i leveranskedjan på flera sätt:

Automatisk datainsamling: Genom att använda AI-teknologi kan OpenAI samla in och analysera stora mängder data från flera källor i realtid. Detta gör det möjligt att skapa en säker och uppdaterad överblick av hela leveranskedjan, från produktion till konsument.

Prognostiska modeller: OpenAI använder prognostiska modeller för att förutse framtida händelser och förbättra beslutsfattande inom SCM. Detta inkluderar förseningar, begränsade råvaruförråd och annan information som påverkar leveranskedjan.

Automatiska varningar: AI-modeller som övervakar leveranskedjan kan ge automatiska varningar om eventuella fördröjningar eller avvikelser. Detta ger företaget möjlighet att agera snabbt och förebygga störningar i leveranskedjan.

Transparens i leveranskedjan: OpenAI ger en öppen och tillgänglig överblick av hela leveranskedjan, inklusive varje enskild del och dess prestanda. Detta ökar transparens och minskar risken för tappade synkroniseringar och bristande samordning.

Genom att använda AI i SCM kan företag öka transparens och spårbarhet i leveranskedjan, förbättra beslutsfattande, undvika fördröjningar och avvikelser, och optimera inköpsprocesserna. Detta kan leda till en ökad effektivitet och produktivitet i hela leveranskedjan.

Slutligen, OpenAI kan också användas för att förbättra samarbetet och samordningen mellan företag inom en leveranskedja. Genom att använda AI-modeller för att analysera data från flera företag samtidigt kan företag ta informerade beslut tillsammans för att optimera sin leveranskedja.

Sammantaget är OpenAI ett kraftfullt verktyg för företag som vill förbättra sin supply chain management och öka sin effektivitet och produktivitet. Genom att använda AI-modeller för att automatisera och optimera viktiga processer, samt öka transparens och samordning inom leveranskedjan, kan företag uppnå en rad fördelar och förbättra sin konkurrenskraft.

Kapitel 13: OpenAI och HR: förbättring av rekrytering och personalhantering

Det är viktigt för företag att ha en effektiv och effektiv HR-process, eftersom det påverkar företagets totala produktivitet och framgång. OpenAI har revolutionerat HR-sektorn genom att tillhandahålla verktyg för automatisering och förbättring av viktiga HR-funktioner, såsom rekrytering och personalhantering.

Rekrytering är en komplex och ständigt föränderlig process. Det är avgörande att organisationer ligger före kurvan för att säkerställa att de anställer de bästa talangerna för sin organisation. OpenAI förändrar hur rekryterare söker, attraherar och anställer topptalanger. Låt oss utforska hur detta innovativa tillvägagångssätt för rekrytering revolutionerar rekryterings processerna.

Att rekrytera med OpenAI kan vara en spelväxlare för rekryteringsprocessen. Denna teknik har potential att dramatiskt minska rekryteringstid, kostnader och pappersarbete. Det kan enkelt generera människoliknande text, vilket gör det till en perfekt lösning för dem som inte har tid eller resurser att manuellt granska och svara på jobbansökningar.

Jakten på topptalanger slutar aldrig. Med rekryteringsteam som har till uppgift att hitta de perfekta kandidaterna kan rekrytering vara en mödosam och tidskrävande process. OpenAI revolutionerar hur rekryterande team hittar och engagerar begåvade människor. OpenAI kan använda banbrytande naturlig språkbehandling för att driva smartare konversationer med potentiella kandidater, påskynda rekryteringsbeslut och bedöma kandidaternas passform inom organisationer.

Genom att överväga en rad faktorer – från karriär mål till erfarenhet – kan rekryterande team få oöverträffade insikter som hjälper dem att fatta mer välgrundade beslut om sitt lags mål för att förvärva talang. Att låsa upp denna kraft genom OpenAI representerar ett stort steg i det pågående arbetet med att hitta, attrahera och anställa topptalanger så snabbt och så effektivt som möjligt.

OpenAI-baserade verktyg kan hjälpa företag att automatisera och optimera deras rekryteringsprocesser. Genom att använda avancerade maskininlärningsalgoritmer kan OpenAI hjälpa till att sålla igenom stora mängder CV och hitta de mest lämpliga kandidaterna. Dessutom kan OpenAI-baserade verktyg också hjälpa till att genomföra en första intervju med kandidaterna, genom att använda Naturligt Språkbehandling (NLP) för att analysera deras svar och bedöma deras lämplighet.

OpenAI-baserade verktyg kan också hjälpa företag att automatisera och optimera deras personalhanteringsprocesser. Genom att använda avancerade maskininlärningsalgoritmer kan OpenAI hjälpa till att generera en arbetsplan för varje anställd, baserat på deras tidigare prestationer och kompetenser. Dessutom kan OpenAI-baserade verktyg också hjälpa till att övervaka och bedöma anställdas prestationer, och tillhandahålla personlig rådgivning och stöd för att hjälpa dem att fortsätta att växa och utvecklas.

Vid starten på 2000-talet har vi redan sett en stor förändring i hur företag rekryterar talanger. Från att utnyttja artificiell intelligens (AI) och maskininlärning för att effektivisera rekryteringsprocessen till att använda teknik för att få tillgång till en större pool av kandidater, framtiden för talangförvärv är här nu. ChatGPT är en sådan banbrytande teknologi som har dykt upp för att revolutionera hur vi attraherar, väljer ut och tar in nya medarbetare.

OpenAI är en konstituerande organisation som har som mål att främja och utveckla kunskapen och användningen av AI på ett säkert och ansvarsfullt sätt. OpenAI har utvecklat en mängd olika AI-modeller, inklusive ChatGPT, som är en av de mest avancerade AI-modellerna för textgenerering tillgängliga idag.

ChatGPT är en avancerad AI-modell som har tränats på miljarder av textexempel från internet för att förstå språk och mönster i mänsklig kommunikation. Modellen används för att generera text som svar på en fråga eller för att färdigställa en text som har börjat skrivas. ChatGPT är en del av OpenAI API och är tillgängligt för utvecklare som vill integrera modellen i sina applikationer.

Modellen har använts för en mängd olika syften, inklusive för chatbots som svarar på kundfrågor, för att generera innehåll för sociala medier, för att hjälpa journalister att skriva artiklar och för att hjälpa människor att färdigställa sina skrivprojekt. Genom att använda ChatGPT kan företag frigöra tid och resurser som annars skulle ha använts för manuella uppgifter, samtidigt som de förbättrar sina verksamheter genom att tillhandahålla mer tillförlitlig, snabb och användbar information till sina användare.

Genom att använda naturlig språkbehandling (NLP) och prediktiv analys kan ChatGPT hjälpa rekryterare att automatisera delar av sin anställningsprocess, från att screena sökande till att skapa arbetsbeskrivningar. Dessutom kan detta kraftfulla AI-drivna verktyg användas för att bedöma kandidater mer exakt och effektivt än någonsin tidigare. Samtidigt som de främjar ett djupare engagemang med potentiella medarbetare. Med sin förmåga att förstå mänskliga konversationer i sitt sammanhang och generera meningsfulla insikter från data som samlats in under hela rekryteringsprocessen, ger ChatGPT en oöverträffad nivå av insyn i kandidaternas preferenser och kvalifikationer.

Som ett resultat kan både rekryterare och arbetsgivare fatta bättre beslut om vem de anställer genom att få en mer omfattande förståelse för sina kandidaters kompetenser och styrkor. I den här guiden har vi hållit oss borta från vanligare ämnen som chatbots, kandidatmatchning, automatiserad schemaläggning och genomsökning av CV (för att nämna några) och fokuserat på verktyget som tar rekrytering (och alla andra branscher) med storm!

I sammanfattning kan företag använda OpenAI för att förbättra deras HR-processer, genom att automatisera och optimera viktiga HR-funktioner såsom rekrytering och personalhantering. Detta kan leda till en mer effektiv HR-process, en bättre anställdas engagemang och en ökad produktivitet och framgång för företaget som helhet.

OpenAI har stor potential för att revolutionera personalhantering inom företag och organisationer. Genom användningen av AI och maskininlärning kan många av de tidskrävande och rutinartade uppgifterna inom personalhantering automatiseras, vilket frigör tid för mer kreativa och strategiska arbetsuppgifter.

Följande är några exempel på hur OpenAI kan användas inom personalhantering:

Rekrytering: OpenAI kan användas för att automatisera delar av rekryteringsprocessen, såsom pre-screening av ansökningar och matchning av kandidater till lämpliga jobböppningar. Genom att analysera ansökningsformulär och CV: er kan AI-modeller också hjälpa till att identifiera de mest lämpliga kandidaterna baserat på relevant utbildning, erfarenhet och personliga egenskaper.

Några strategiska frågor att överväga för övergripande personalplanering:

Vilka delar av verksamheten bör få stora humankapitalinvesteringar på grund av OpenAI automatisering?

Finns det roller som man bör flytta fokus på eller tas bort?

Hur bör personalens nyckeltal förändras på grund av ökad effektivitet?

Hur kan vi använda OpenAI för att öka vår arbetsgivarnärvaro och rekryteringsflöde?

Företagsledare måste ligga i framkant för hur deras organisationer använder den här tekniken, för utan noggrann planering och förståelse för vad rekryterare kan göra med OpenAI så kan det verkligen gå snett.

Personaladministration: OpenAI kan användas för att automatisera rutinartade uppgifter såsom hantering av lön ärenden, förvaltning av personalregister och uppföljning av frånvaro. AI-modeller kan också användas för att förutsäga personalbehov och anpassa arbetsplatsen för bästa möjliga effektivitet och produktivitet.

Utbildning och utveckling: OpenAI kan användas för att identifiera kompetensbehov och förse anställda med relevant utbildning och utvecklingsmöjligheter. AI-modeller kan också användas för att spåra anställdas utbildningshistorik och förse ledningen med information om anställdas kompetensnivåer.

OpenAI kan arbeta med utbildning och utveckling på jobbet genom att använda sitt tekniska kunnande och erfarenhet inom områden som maskininlärning och naturlig språkhantering för att utveckla interaktiva utbildningsprogram och resurser. Genom att använda AI-teknik, såsom chatbots, virtuella assistenter och personifierade lärande system, kan OpenAI möjliggöra mer effektiva och användarvänliga utbildningslösningar som är specifikt anpassade för varje individs behov och preferenser.

OpenAI kan också använda sitt djupgående kunnande om dataanalys för att hjälpa företag att identifiera kunskapsluckor och utbildningsbehov bland sina medarbetare. Genom att samla in och analysera data om medarbetares färdigheter, arbetsvanor och prestanda, kan OpenAI hjälpa till att identifiera utbildningsområden som behöver förbättras och ta fram en detaljerad utbildningsplan för att möta dessa behov.

OpenAI kan använda sig av maskinlärning och dataanalys för att identifiera kunskapsluckor och utbildningsbehov bland anställda. Detta kan ske genom att samla in och analysera data från många olika källor, till exempel arbetsprestation, feedback från chefer och kollegor, resultat från utbildningstester och så vidare.

Därefter kan OpenAI använda denna information för att skapa en individuell utbildningsplan för varje anställd, med fokus på de områden där de har störst behov av att förbättra sin kunskap. Modellen kan också användas för att förutse framtida kunskapsbehov för organisationen som helhet, så att man kan planera och genomföra utbildning i god tid.

Således kan OpenAI bidra till att säkerställa att organisationens anställda har den kunskap och de färdigheter som krävs för att utföra sitt arbete på bästa sätt och hålla jämna steg med branschens utveckling.

Till sist, OpenAI kan arbeta med HR-avdelningar för att utveckla system för övervakning och utvärdering av medarbetares utveckling och prestanda. Dessa system kan använda AI för att samla in data från en mängd olika källor, inklusive feedback från chefer och medarbetare, och använda den informationen för att ge detaljerade rapporter om varje medarbetares styrkor och svagheter. Detta kan vara ett mäktigt verktyg för HR-avdelningar som söker att hjälpa sina medarbetare att uppnå sina mål och förbättra sin prestanda på jobbet.

Karriärplanering: OpenAI kan användas för att hjälpa anställda med karriärplanering och kompetensutveckling. AI-modeller kan analysera anställdas befattning, erfarenheter och prestationer för att förse dem med råd och rekommendationer om vilka steg de kan ta för att utveckla sina karriärer. OpenAI kan hjälpa inom karriärplaneringen genom att använda sin avancerade teknik för datamining och maskininlärning för att identifiera mönster och trender inom karriärutveckling. Genom att samla in och analysera data från källor som cv, sociala medier, prestationsbetyg och tidigare arbetserfarenheter, kan OpenAI hjälpa individer att förstå sin karriärhistoria och potentiella framtida karriärvägar. Modellen kan också användas för att förutsäga framtida karriärutveckling och rekommendera utbildning och utvecklingsmöjligheter som kan hjälpa individer att nå sina mål.

Det är viktigt att notera att OpenAI är ett verktyg och inte en ersättare för mänsklig interaktion och beslutsfattande inom personalhantering. AI-modeller ska användas för att stödja och förbättra processer, inte för att ersätta mänsklig kompetens och erfarenhet.

Kapitel 14: OpenAI för effektivare projektledning och samarbete

OpenAI kan hjälpa till att förbättra projektledningen och samarbetet på många sätt. Här är några sätt OpenAI kan bidra:

Automatisk uppgiftstagning: OpenAI kan automatiskt tilldela uppgifter till de lämpliga teammedlemmarna baserat på deras erfarenheter och kompetenser.

OpenAI kan hjälpa företag med automatisk uppgiftstagning genom att använda sin avancerade teknik för maskininlärning och artificiell intelligens. Det kan hjälpa till med att förbättra produktiviteten och effektiviteten i arbetsflöden.

För att ta hand om uppgiftstagning automatiskt, skulle OpenAI använda tekniker som natural language processing (NLP) för att tolka och förstå uppgifter och instruktioner. Dessutom skulle OpenAIs modeller använda dataanalys och mönsterigenkänning för att förutse viktiga händelser och viktiga uppgifter.

Företag skulle kunna använda OpenAI-lösningar för att automatiskt tilldela uppgifter baserat på deras personalens befintliga arbetsbelastning, erfarenheter och kompetenser. Dessutom skulle OpenAI-lösningar kunna användas för att automatiskt montera arbetsflöden och använda den informationen för att förbättra beslutsfattandet och samordningen.

OpenAIs modeller skulle också kunna hjälpa till med att övervaka och rapportera framsteg, samt varna om eventuella fördröjningar eller hinder. Detta skulle hjälpa företag att hålla koll på sina uppgifter och arbeta proaktivt för att undvika eventuella problem eller fördröjningar.

OpenAIs modeller kan bidra till övervakning och rapportering av projektets framsteg genom användning av en kombination av tekniker från datamining, maskininlärning och natural language processing.

Först och främst skulle modellen samla in data från olika källor, såsom projektmanagementverktyg, kommunikationskanaler och rapporter, för att bygga upp en bred bild av projektets framsteg. Därefter kan modellen använda den samlade data för att identifiera mönster och trender som är relevanta för projektets framsteg.

Modellen skulle kunna använda detta för att generera förutsägelser och prognoser om projektets framsteg, till exempel förväntad leveransdatum och tidsramar för specifika uppgifter. Genom att förutse eventuella avvikelser eller fördröjningar i projektets framsteg, skulle modellen kunna varna projektledare i tid så att de kan ta åtgärder för att rätta till problemen.

Modellen skulle också kunna användas för att generera rapporter och visualiseringar som gör det lättare för projektledare att övervaka projektets framsteg och förstå var eventuella utmaningar ligger. Dessutom skulle modellen kunna användas för att automatiskt sammanställa och sammanfatta data från flera källor, så att projektledare har en samlad bild av projektets framsteg på ett enda ställe.

Sammantaget kan OpenAIs modeller hjälpa till med övervakning och rapportering av projektets framsteg på ett mer effektivt och automatiserat sätt, vilket sparar tid och resurser för projektledare och gör det lättare att förstå projektets framsteg och ta åtgärder för att undvika fördröjningar eller avvikelser.

Prediktiv projektledning: Genom att använda prognostiska modeller, kan OpenAI förutse framtida händelser och problem som kan påverka projektets framsteg, vilket ger projektledare möjlighet att proaktivt hantera dessa utmaningar.

OpenAI arbetar med prediktiv projektledning genom att använda sin teknik för maskininlärning och artificiell intelligens för att förutse och förebygga eventuella problem och utmaningar i projektet. Dessa modeller kan analysera stora mängder data, inklusive historiska projektdata, personalresurser och budget, för att förutse projektets framtid.

Modellen kan sedan använda den samlade informationen för att generera prognoser och förutse utfall för projektet. Dessa prognoser kan hjälpa projektledare att ta mer informerade beslut och justera planeringen för att minimera riskerna och förbättra projektets framgång. OpenAI kan också användas för att automatisera uppgiftstagning och arbetsflöden för att öka effektiviteten och produktiviteten.

Dessutom kan OpenAI också hjälpa till att övervaka och rapportera framsteg i projektet. Modellen kan samla in och analysera realtidsdata från olika källor för att mäta projektets framsteg och ge återkoppling till projektledare. Detta kan hjälpa projektledare att ta snabba beslut för att justera projektet och hålla det på rätt spår.

Således kan OpenAI bidra till en mer effektiv och framgångsrik projektledning genom att förbättra beslutsfattandet, öka produktiviteten och minimera riskerna i projektet.

Samordning av resurser: OpenAI kan hjälpa till att optimera resursutnyttjandet och samordna teammedlemmarnas arbete för att säkerställa en effektiv och smidig samarbetsprocess.

OpenAIs modeller och tekniker kan användas för att samordna resurser i projektsammanhang på flera sätt. För att öka effektiviteten i projektet, kan modeller användas för att analysera befintliga data och resurser, inklusive projektmedel, personal, kompetens och kapacitet, och förutspå hur dessa faktorer kommer att påverka projektets framsteg och tidslinje. Modellerna kan också användas för att optimera projektets planering genom att ta hänsyn till befintliga begränsningar och prioritera uppgifter baserat på deras betydelse för projektets framgång.

För att säkerställa samordning av resurser i projektet, kan OpenAIs modeller också hjälpa till med att generera rapporter och visualiseringsverktyg som gör det lättare för projektledare att övervaka och rapportera projektets framsteg till intressenter och styrgrupper. Modellerna kan också hjälpa till att förbättra samarbetet och kommunikationen mellan projektteamen genom att förse dem med relevant information och data när de behövs, såsom resursplanering och uppdateringar om projektets framsteg.

Således kan OpenAI bidra till en mer effektiv och samordnad resurshantering och projektledning, vilket i sin tur kan öka projektets sannolikhet att uppnå sina mål och leverera värde till intressenter.

Kommunikation och samarbete: OpenAI kan också användas för att automatisera och förbättra kommunikationen och samarbetet mellan teammedlemmar.

OpenAI kan använda sitt naturliga språk processing (NLP) för att automatisera och förbättra kommunikationen och samarbetet mellan teammedlemmar. Till exempel kan modeller tränas på att hantera e-postmeddelanden, chattmeddelanden och andra typer av kommunikation mellan teammedlemmar. Dessa modeller kan sedan användas för att klassificera, prioritera och sortera inkommande meddelanden och för att automatiskt generera svar och rapporter.

Modeller kan också användas för att sammanställa information från olika källor och för att skapa en samlad översikt av projektet och dess framsteg. Detta inkluderar att sammanställa och samordna arbetsbelastningen för teammedlemmar, övervaka projekttidslinjer och mål samt följa upp på kommunikationen och samarbetet.

Förutom att öka effektiviteten i kommunikationen och samarbetet kan OpenAI också användas för att förbättra beslutsfattandet. Modeller kan tränas på att analysera data och information från projektet för att förutsäga potentiella problem och föreslå lösningar. Detta kan hjälpa projektledare att ta informerade beslut och undvika kostsamma misstag.

Sammantaget kan OpenAIs modeller bidra till en mer effektiv och smidig kommunikation och samarbete mellan teammedlemmar, samt förbättra beslutsfattandet och projektledningen.

Återkoppling och utvärdering: OpenAI kan användas för att samla in och analysera data från projektet och ge återkoppling och utvärdering till projektledare och teammedlemmar.

OpenAI kan användas för att automatisera insamlingen av data från ett projekt, inklusive tidsåtgång, budget, arbetsbelastning, teammedlemmars prestationer och projektfördelning. Denna information kan sedan användas för att generera en detaljerad rapportering och utvärdering av projektets framsteg och prestationer.

Modeller från OpenAI, såsom NLP- och maskininlärningsalgoritmer, kan användas för att analysera data från projektet, inklusive chatloggar, e-postkorrespondens och dokument. Detta kan bidra till att identifiera eventuella fördröjningar eller avvikelser i projektförloppet, samt identifiera eventuella källor till förseningar eller problem.

OpenAI kan även användas för att förutspå framtida projekthändelser och problem, genom att utnyttja tekniker för prediktiv modellering och dataanalys. Detta kan hjälpa projektledare och teammedlemmar att ta förutsedda åtgärder och undvika problem och fördröjningar.

Återkoppling och utvärderingar baserade på data från OpenAI-modeller kan öka transparens och spårbarhet i projektet, samt bidra till att förbättra samarbetet och kommunikationen mellan teammedlemmar. De kan också ge projektledare och beslutsfattare en bättre förståelse för projektets framsteg och prestationer, samt identifiera potentiella förbättringsområden.

Dessa är bara några exempel på hur OpenAI kan bidra till en effektivare projektledning och samarbete. Genom att använda AI-teknik, kan företag minska tids- och resursförlust samt öka produktiviteten och samarbetet mellan teammedlemmar.

Kapitel 15: OpenAI och förbättring av kvaliteten i produkter och tjänster

OpenAI är en ledande teknologisk plattform för artificiell intelligens (AI) som har potentialen att revolutionera många branscher och förbättra kvaliteten på produkter och tjänster. Genom att integrera AI-teknologi i olika delar av produktions- och leveranskedjan kan företag förbättra sina produkter och tjänster samt öka sin konkurrenskraft.

En av de viktigaste fördelarna med att använda OpenAI inom produktutveckling och produktion är att man kan få en djupgående förståelse för kundernas behov och önskemål. Genom att samla in, analysera och tolka data från en mängd olika källor som exempelvis kundfeedback och försäljningsdata kan OpenAI hjälpa företag att förbättra sina produkter och tjänster.

OpenAI kan också användas för att förbättra produktionsprocessen och öka effektiviteten. Genom att använda prognostiska modeller och maskinell inlärning kan OpenAI förutsäga och förebygga potentiella problem och fördröjningar under produktionsprocessen. Detta innebär att man kan förbättra kvaliteten på produkten samtidigt som man ökar produktiviteten och minskar kostnaderna.

En annan viktig fördel med att använda OpenAI inom produktionen är möjligheten att automatisera viktiga delar av processen. Genom att använda AI-teknologi kan man effektivisera produktionsprocessen och minska behovet av manuell inblandning. Detta innebär att man kan öka kvaliteten på produkten och samtidigt minska risken för mänskliga misstag och förbättra säkerheten på arbetsplatsen.

OpenAI kan även hjälpa företag att öka transparens och spårbarhet i produktionskedjan. Genom att samla in och analysera data från olika delar av produktionsprocessen kan man följa upp och övervaka framstegen och förebygga potentiella problem. Detta innebär att man kan öka kvaliteten på produkten samtidigt som man minskar risken för fördröjningar.

OpenAI kan användas för att automatisera och strömlinjeforma kvalitetskontrollprocesser. Genom att analysera stora mängder data från olika källor, som kundfeedback, produktionsdata och kvalitetskontrollinspektioner, kan OpenAIs modeller hitta mönster och trender som annars kan gå oupptäckta. Detta innebär att förbättringsområden kan identifieras och åtgärdas mycket snabbare, vilket leder till en bättre kvalitet på produkterna och tjänsterna.

OpenAI kan också hjälpa till med att förbättra produktutvecklingsprocessen genom att använda machine learning-tekniker för att förutse framtida problem och möjliga förbättringsområden. Detta kan leda till en mer effektiv och kostnadseffektiv utvecklingsprocess och i förlängningen till en högre kvalitet på produkterna och tjänsterna.

I samband med lanseringen av produkter eller tjänster kan OpenAI också användas för att generera mängder av simuleringar och skapa en virtualiserad testmiljö. Detta kan hjälpa till att säkerställa att produkterna eller tjänsterna uppfyller kraven på kvalitet och prestanda innan de lanseras på marknaden.

För att använda OpenAI för att automatisera kvalitetskontrollprocesser, kan företag använda en modell som är tränad att identifiera och flagga potentiella kvalitetsproblemen. Modellen kan göra detta genom att analysera stora mängder data, inklusive produktionsdata, inköpsdata och leveransdata, för att hitta mönster och trender som indikerar på kvalitetsproblem.

När modellen har identifierat ett potentiellt kvalitetsproblem, kan den automatiskt generera en flagga eller en varning till relevanta personer såsom produktionschefer eller kvalitetskontrollchefer, för att de snabbt kan vidta åtgärder för att lösa problemet.

Modellen kan också användas för att övervaka produktionsprocessen i realtid för att säkerställa att alla produkter uppfyller kvalitetskrav och för att snabbt flagga upp potentiella problem som uppstår.

Vidare kan OpenAI-modeller användas för att automatisera kvalitetskontrollprocedurer, såsom inspektioner eller tester, genom att använda en kombination av bildigenkänning och maskininlärning. Modellen kan, till exempel, automatiskt inspektera produkter för defekter eller brister och generera rapporter med resultatet av inspektionen.

Förutom att automatisera kvalitetskontrollprocesser kan OpenAI-modeller också användas för att förbättra kvaliteten i produkter och tjänster genom att analysera stora mängder data och identifiera mönster och trender som kan indikera på problem med kvaliteten. Modellen kan också användas för att förutse eventuella kvalitetsproblem och förebygga dem innan de uppstår.

OpenAI har också potentialen att förbättra samarbetet mellan olika avdelningar, såsom produktion, inköp och kvalitetskontroll, genom att tillhandahålla en gemensam plattform för dataanalys och samarbete. Detta kan leda till en mer samordnad och effektiv kvalitetskontrollprocess som i sin tur kan bidra till en ökad kvalitet i produkter och tjänster.

Sammanfattningsvis kan OpenAI spela en central roll i förbättringen av kvaliteten på produkter och tjänster. Genom att använda sitt machine learning-baserade system för att samla in, analysera och förutse data kan företag göra mer informerade beslut och leda till en högre kvalitet på sina produkter och tjänster.

Det finns flera utmaningar som uppstår när man använder OpenAI för att automatisera kvalitetskontrollprocesser. Här är några av de viktigaste:

Dataöverflöd: För att OpenAI-modellen ska fungera optimalt, krävs det stora mängder av relevant data. Om data är dålig eller inte konsistent kan det leda till mindre exakta resultat.

Integrering: OpenAI måste integreras med företagets befintliga system och processer, inklusive ERP, CRM, och andra relevanta system. Denna integrering kan vara utmanande och tidskrävande.

Träningsbehov: Modellen måste tränas på relevant data för att kunna göra exakta prognoser och förutsägelser. Om träningen inte är tillräckligt noggrann kan det leda till mindre exakta resultat.

Kunskap och erfarenhet: OpenAI-teknologi är fortfarande ny och det krävs en viss kunskap och erfarenhet för att använda den på rätt sätt. Företag måste anställa kompetenta personal eller samarbeta med en leverantör för att säkerställa att modellen används på rätt sätt.

Kostnader: Användning av OpenAI för kvalitetskontroll kan innebära en viss investering i teknologi, integrering, träning och personal. Företag måste väga kostnaderna mot fördelarna för att avgöra om det är en lönsam investering.

Datasäkerhet och sekretess: Viktig och känslig information, såsom produktionsdata, kunduppgifter och känsliga detaljer om processer, måste hanteras på ett säkert sätt. Det är viktigt att säkerställa att all data som samlas in och analyseras är säker och skyddad från obehörig åtkomst.

Kapitel 16: OpenAI och skapande av nya affärsmodeller

OpenAI kan användas för att skapa nya affärsmodeller på många sätt. En möjlig användning av OpenAI är genom att använda den för att analysera och förstå marknads- och konsumentdata. Detta kan hjälpa företag att identifiera möjligheter för nya produkter och tjänster som kunde vara efterfrågade på marknaden. OpenAI kan också användas för att förutsäga framtida trender och förändringar i marknaden, vilket kan hjälpa företag att ta bättre beslut om nya affärsmöjligheter.

En annan möjlig användning av OpenAI är genom automatisering av affärsprocesser. Genom att använda OpenAI för att automatisera processer som innebär en hög grad av rutinarbete såsom orderhantering, fakturering, lagerhantering och kundservice, kan företag öka sin effektivitet och skapa mer tid för mer värdefulla aktiviteter. OpenAI kan också användas för att analysera och optimera affärsprocesser, vilket kan leda till bättre beslut och förbättrade resultat.

OpenAI kan också användas för att skapa nya tjänster och produkter genom att kombinera den med andra tekniker som internet of Things (IoT), robotteknik och maskininlärning. Genom att integrera dessa tekniker kan företag utveckla innovativa lösningar som kan förbättra kundupplevelsen och öka försäljningen.

OpenAI och Internet of Things (IoT) är två tekniker som är på väg att förändra vårt samhälles sätt att arbeta och leva. Genom att kombinera dessa två tekniker kan företag skapa nya, effektiva affärsmodeller och förbättra sina befintliga produkter och tjänster.

OpenAI har stora möjligheter att integreras med IoT-enheter. Genom att samla in och analysera data från dessa enheter kan OpenAI lära sig mönster och trender i systemen och använda denna information för att förbättra produkternas och tjänsternas kvalitet och prestanda. OpenAI kan också användas för att förbättra säkerheten och säkerställa att IoT-enheter fungerar som de ska.

En annan användning av OpenAI i samband med IoT är för att skapa smarta, självlärande system. Genom att analysera data från IoT-enheter kan OpenAI förutse problem och förbättra systemen innan de uppstår. Detta kan leda till minskad tid förlorat och förbättrade beslutssituationer för företag.

OpenAI kan integreras med IoT-tekniker genom att använda deras data för att träna sina modeller och förbättra sin förmåga att göra prediktion och ta beslut. Här är några exempel på hur OpenAI kan användas tillsammans med IoT:

Prediktivt underhåll: OpenAI kan användas för att analysera data från IoT-enheter för att förutse när en enhet behöver underhåll eller repareras. Detta kan hjälpa till att förbättra tillgängligheten och minskar oplanerade stopp och kostnader.

Smarta hem: OpenAI kan användas för att integrera med IoT-enheter i ett smart hem, som smarta termostater, belysning, säkerhetskameror och mer, för att optimera användarupplevelsen. Modellen kan användas för att förutse behoven hos användaren och justera enheterna automatiskt för att möta dessa behov.

Supply chain optimization: OpenAI kan användas för att integrera med IoT-enheter i en supply chain, som sensorer och RFID-taggar, för att förbättra lagerhantering och transporteffektivitet. Modellen kan användas för att göra prediktion om framtida efterfrågan och justera produktionen och leveranserna automatiskt för att möta dessa behov.

Förbättring av produktkvalitet: OpenAI kan användas för att integrera med IoT-enheter i produktionsprocesser, som kvalitetskontrollsensorer, för att förbättra produktkvaliteten. Modellen kan användas för att förutse potentiella problem och proaktivt rätta till dem före de leder till dålig kvalitet på produkterna.

OpenAI och IoT är en kraftfull kombination som har möjligheten att förbättra effektiviteten, kvaliteten och beslutsfattandet i många industrier. Genom att integrera OpenAI med IoT-teknik, kan företag förbättra sina processer och öka sin konkurrenskraft.

En annan möjlighet är att använda OpenAI för att optimera distributionen och logistiken. Genom att analysera data från IoT-enheter kan OpenAI hjälpa till att planera och optimera logistiken, inklusive leveranskedjor och rutter, för att säkerställa att produkter når sina destinationer på ett så effektivt och ekonomiskt sätt som möjligt.

Sammantaget är möjligheterna för OpenAI och IoT nästan oändliga. Företag som är ute efter att skapa förbättringar inom sina produkter och tjänster, samt förbättra sina affärsmodeller, bör definitivt överväga att integrera dessa två tekniker. Men det är viktigt att notera att det finns utmaningar och risker med att använda OpenAI och IoT tillsammans, såsom säkerhet och integritet, och dessa måste hanteras på ett ansvarsfullt sätt.

Slutligen kan OpenAI användas för att förbättra kundrelationer genom att förutsäga kundbehov och förbättra kundservice. Genom att använda OpenAI för att analysera kunddata, kan företag förstå kundens preferenser och anpassa sina produkter och tjänster efter dem. Detta kan leda till bättre kundrelationer, ökad lojalitet och ökad försäljning.

OpenAI kan användas för att arbeta med kundrelationer och anpassa produkter och tjänster på följande sätt:

Kundservice: OpenAI-drivna chatbots kan användas för att automatisera kundservice och besvara vanliga frågor, bokningar och förfrågningar. Detta kan leda till en snabbare och mer effektiv kundservice samt främja en positiv kundupplevelse.

Personlig marknadsföring: Genom att använda data från kundbeteende och preferenser kan OpenAI-modeller användas för att ge personliga rekommendationer och erbjudanden till individuella kunder.

Prediktiv analys: OpenAI-modeller kan användas för att generera förutsägelser om kundbeteende och preferenser, vilket gör det möjligt för företag att anpassa sina produkter och tjänster för att möta kundernas efterfrågan.

Kundfeedback: OpenAI-modeller kan användas för att automatiskt analysera och sammanfatta kundfeedback, vilket gör det möjligt för företag att snabbt identifiera och lösa problem och förbättra kvaliteten på sina produkter och tjänster.

Dessa är bara några exempel på hur OpenAI kan integreras med kundrelationer och hjälpa till att skapa anpassade produkter och tjänster för bättre kundupplevelser.

Trots alla möjligheter som OpenAI erbjuder för att skapa nya affärsmodeller, är det viktigt att notera att det finns utmaningar som följer med användningen av denna teknik. Dessa utmaningar inkluderar säkerhetsrisker, dataintegritet, överväganden kring etisk användning av AI och bekymmer kring arbetsplatser och arbetsplatsutveckling. Dessa utmaningar bör beaktas och hanteras på ett ansvarsfullt sätt för att säkerställa att användningen av OpenAI leder till positiva resultat för företag och samhälle.

Kapitel 17: Användning av OpenAI för att förbättra miljö- och hållbarhetsprestationer

OpenAI kan användas på många sätt för att förbättra miljö- och hållbarhetsprestationer för ett företag. Ett av de mest använda sätten är genom användningen av AI-drivna analyser och simuleringar för att optimera produktionsprocesser och minimera negativa miljöpåverkan. Detta kan inkludera att analysera energiförbrukningen i en produktionsanläggning eller optimera logistikflöden för att minimera koldioxidutsläpp.

OpenAI kan också användas för att automatisera kontrollen av miljöpåverkan från företags produkter och tjänster. Genom att använda sensordata från IoT-enheter och andra källor kan OpenAI skapa avancerade modeller och algoritmer för att upptäcka och redovisa potentiella miljöproblem i realtid.

Företag kan också använda OpenAI för att utveckla mer hållbara produkter och tjänster. AI-drivna designverktyg och simuleringsprogram kan hjälpa till att identifiera och minimera miljöpåverkan från produkternas livscykel, från tillverkning till borttagning.

Genom att använda OpenAI i samarbete med andra tekniker såsom IoT, kan företag också skapa smarta system som kan optimera resursförbrukningen och minimera avfall. Detta kan inkludera användningen av sensorer för att övervaka energiförbrukningen i byggnader eller användningen av AI-drivna verktyg för att optimera vattenanvändningen i landbruk.

OpenAI kan användas på flera sätt för att optimera produktionsprocesser och minimera miljöpåverkan.

Prediktivt underhåll: OpenAI kan användas för att förutse och förebygga potentiella problem med produktionsutrustningen genom att analysera data från IoT-enheter och sensoriskt. Detta kan hjälpa till att förhindra onödiga driftstopp och energi- och resursförbrukning.

Energieffektivitet: OpenAI kan användas för att optimera energiförbrukningen under produktionsprocessen. Genom att analysera data från IoT-enheter kan OpenAI hjälpa till att identifiera och eliminera onödig energianvändning och hjälpa till att implementera mer energieffektiva lösningar.

Materialoptimering: OpenAI kan användas för att optimera användningen av råvaror och material under produktionsprocessen. Genom att analysera data från IoT-enheter och sensoriskt kan OpenAI hjälpa till att minimera materialspill och öka materialanvändningseffektiviteten.

Logistikoptimering: OpenAI kan användas för att optimera logistiken under produktionsprocessen, inklusive transport och lagerhållning. Genom att analysera data från IoT-enheter kan OpenAI hjälpa till att minimera avfallsproduktionen och öka effektiviteten i logistikflöden.

Real-Time Monitorering: OpenAI kan användas för att övervaka produktionsprocessen i realtid och hjälpa till att förhindra miljöproblem som uppstår under processen. Genom att samla in data från IoT-enheter och sensoriskt kan OpenAI hjälpa till att upptäcka potentiella problem och hjälpa till att lösa dem innan de blir större frågor.

OpenAI kan bidra till att skapa mer hållbara produkter på flera sätt. En av de mest effektiva metoderna är att använda modeller för att optimera produktionsprocesser och minimera avfallsbildning och miljöpåverkan.

Till exempel, genom att använda datamodeller och maskininlärningstekniker, kan OpenAI analysera och optimera de material och resurser som används i produktionen, samtidigt som man ser till att produktionsflödet är så effektivt och hållbart som möjligt.

Modeller kan även användas för att förutsäga och hantera energianvändning, samt utvärdera produktionsmetoders påverkan på miljön. Detta inkluderar även utvärdering av alternativa material och tekniker för att se vilka som har den minsta påverkan på miljön.

Dessutom kan OpenAI användas för att optimera förpackningsdesignen för att minimera avfallet och påverkan på miljön, samt förbättra distributions- och logistikprocesserna för att minska transportrelaterade utsläpp.

För att göra det möjligt att förbättra miljö- och hållbarhetsprestationerna måste OpenAI tränas på stora mängder data om hållbarhetsfrågor, inklusive information om produktionsprocesser, materialval, energianvändning, avfallshantering, och liknande. Genom att använda OpenAI-modeller kan företag fatta data-drivna beslut för att optimera sina processer och skapa mer hållbara produkter.

Slutligen, genom att använda OpenAI för att analysera och förstå konsumentbeteende kan företag utveckla mer hållbara och miljövänliga produkter och tjänster som möter de krav och önskemål som finns på marknaden.

Kapitel 18: Implementering av OpenAI i en reglerad bransch

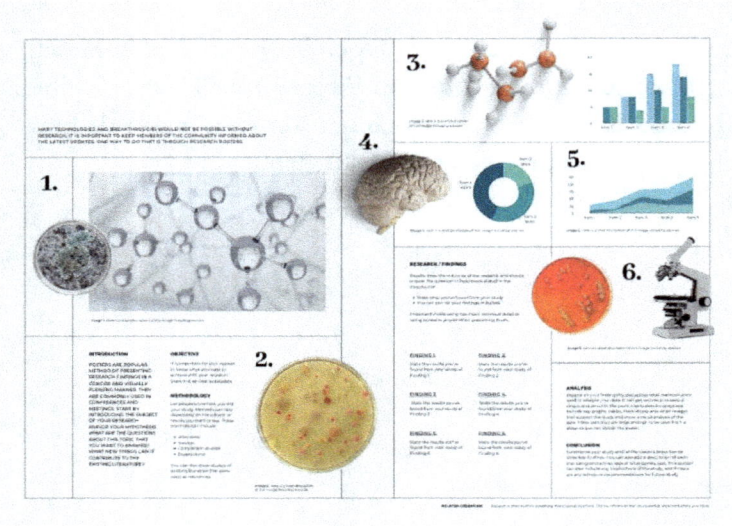

Implementeringen av OpenAI i en reglerad bransch kan vara
en komplex process som kräver en omfattande planering och
samordning. Följande steg kan vara nyttiga att följa för en
framgångsrik implementering:

- Förstå regelverket: Innan du implementerar OpenAI i
  en reglerad bransch, måste du förstå vilka regler som
  gäller för branschen. Detta inkluderar de regler som
  gäller för användningen av AI, datahantering,
  integritet, säkerhet, skydd av personuppgifter och
  liknande.

- Identifiera användningsområden: Identifiera de
  områden där OpenAI kan användas för att lösa
  specifika utmaningar och frågor i den reglerade
  branschen.

- Samordna med relevanta myndigheter: Kontakta
  relevanta myndigheter och andra relevanta parter för
  att diskutera möjligheter och utmaningar med att
  använda OpenAI i den reglerade branschen.

- Bedöm datakvaliteten: För att OpenAI ska fungera
  effektivt, måste du säkerställa att data som samlas in är
  relevant och av hög kvalitet.

- Utveckla en implementeringsplan: Utveckla en
  detaljerad implementeringsplan som inkluderar alla

nödvändiga steg, tidsramar, budgetar, mål, ansvarsområden, mätningar och utvärderingar.

- Implementera säkerhet och integritet: Säkerställ att alla säkerhets- och integritetsfrågor är beaktade och lösta, såsom skydd av personuppgifter, skydd mot attacker och datainsyn.

- Utbilda personalen: Säkerställ att personalen har den kunskap och utbildning som krävs för att använda OpenAI på ett säkert och effektivt sätt.

- Uppföljning och utvärdering: Uppföljning och utvärdering av implementeringsprocessen är viktigt för att identifiera framgångar, utmaningar och möjligheter för förbättring.

Dessa steg kan hjälpa till att säkerställa en framgångsrik implementering av OpenAI i en reglerad bransch och möjliggör för förbättringar i branschens produkter, processer och tjänster.

Kapitel 19: OpenAI och samarbete med andra teknologier och plattformar

OpenAI är en av de mest framstående teknologierna inom konstig intelligens och maskinell inlärning. Dess förmåga att analysera och bearbeta stora mängder data samt skapa mönster och samband gör det till en mycket användbar resurs inom många branscher och områden. För att ta fullständigt vara på OpenAIs potential krävs ofta samarbete med andra teknologier och plattformar.

Ett sådant samarbete kan öka produktiviteten och effektiviteten avsevärt. En av de mest använda teknologierna som OpenAI samarbetar med är internet of Things (IoT). IoT är en teknologi som gör det möjligt för enheter att samverka med varandra och samla in data om sin omgivning. Genom att kombinera OpenAI och IoT kan företag samla in och analysera stora mängder data från sina produkter och användare. Detta gör det möjligt att skapa mer anpassade och hållbara produkter.

Internet of Things (IoT) är en samling av enheter och system som är sammankopplade och kan samarbeta för att samla in, analysera och utbyta data. När det gäller produktionsmiljö i ett företag, så finns det ett antal IoT-tekniker som kan integreras med OpenAI för att förbättra produktionsprocesser och öka produktiviteten.

- IoT-sensorer: IoT-sensorer kan användas för att samla in data från olika delar av produktionslinjen och överföra data till OpenAI för analys. OpenAI kan sedan använda den insamlade data för att förbättra processerna och identifiera eventuella problem i realtid.

104

- IoT-aktörer: IoT-aktörer är enheter som kan interagera med andra enheter för att utföra uppgifter. De kan användas tillsammans med OpenAI för att automatisera produktionsprocesser och göra dem mer effektiva.

- IoT-gateways: IoT-gateways är enheter som används för att samordna kommunikationen mellan IoT-enheter och OpenAI. De fungerar som mellanhand för att överföra data mellan IoT-enheter och OpenAI för analys och beslutsstöd.

- Prediktivt underhåll: Genom att använda OpenAI och IoT-sensorer för att samla in data om tillståndet på utrustningen, kan prediktivt underhåll utföras för att förebygga problem och förlänga livslängden på utrustningen.

Dessa är bara några exempel på hur IoT-tekniker kan integreras med OpenAI i en produktionsmiljö för att förbättra processerna och öka produktiviteten. För att få ut mesta möjliga nytta av teknikerna, är det viktigt att välja de som är lämpliga för den specifika produktionsmiljön och för det specifika företaget.

En annan teknologi som OpenAI ofta samarbetar med är blockchain. Blockchain är en säker och distribuerad databas som gör det möjligt att överföra och lagra information på ett säkert sätt. Genom att kombinera OpenAI och blockchain kan företag skapa mer säkra och effektiva affärslösningar.

Blockchain är en teknik som används för att skapa en distribuerad och säker digital databas för information. Den fungerar som en typ av digitalt register som håller reda på alla transaktioner och information som görs i en kedja av block. Varje block innehåller en unik kod eller "hash" som är kopplad till föregående block i kedjan. På så sätt är informationen i blockchain säkrad och kan inte ändras, vilket gör den till ett pålitligt verktyg för att lagra och spåra data.

OpenAI kan samverka med blockchain på flera sätt för att skapa mer effektiva och säkra lösningar. Tillsammans kan de användas för att automatisera och optimera olika processer inom företag, samtidigt som säkerheten och integriteten för data är garanterad.

Ett exempel på detta är att använda OpenAI för att skapa en intelligent affärslogik som är integrerad med en blockchain-plattform. Detta skulle tillåta en automatisering av olika processer, såsom inköp, leverans, och betalning, samtidigt som all information är säkert lagrad och ändringsbar i blockchain.

En annan möjlig användning av OpenAI tillsammans med blockchain är att skapa en mer effektiv och säker kommunikation mellan enheter inom Internet of Things (IoT). Genom att kombinera OpenAIs förmåga att tolka och fatta beslut baserat på data med blockchain sin säkerhet och integritet, skulle det bli möjligt att skapa en säkrare och mer effektiv kommunikation mellan enheter i en IoT-miljö.

Slutligen, OpenAI och blockchain kan samarbeta för att skapa en mer transparent och säker förvaltning av tillgångar, såsom fastigheter, fordon, eller annan form av egendom. Genom att integrera OpenAIs förmåga att analysera data med blockchain sin förmåga att spåra och säkra information om tillgångar, skulle det bli möjligt att skapa en mer säker och effektiv hantering av tillgångar.

Sammanfattningsvis, samarbetet mellan OpenAI och blockchain har stor potential att skapa mer effektiva, säkra, och transparenta lösningar inom en mängd olika branscher och användningsområden. Genom att kombinera OpenAIs förmåga att analysera och fatta beslut baserat på data med blockchain sin förmåga att spåra och säkra information, kan de tillsammans skapa lösningar som är både mer intelligenta och säkra.

Samarbete med andra teknologier som big data, Cloud computing och artificiell intelligens ökar också OpenAIs potential. Tillsammans med big data kan OpenAI samla in och analysera stora mängder data från en mängd källor, inklusive sociala medier och sökmotorer. Med hjälp av Cloud computing kan OpenAI skalas upp och användas av företag över hela världen. Och med hjälp av artificiell intelligens kan OpenAI lära sig och förbättras över tid.

För att sammanfatta, OpenAI har stor potential att förbättra företags affärsmodeller och processer. Genom samarbete med andra teknologier och plattformar kan OpenAI öka sin potential ytterligare och skapa bättre och mer anpassade lösningar för företag.

Kapitel 20: Framtida utvecklingar inom OpenAI och deras potential för företag.

Framtiden för OpenAI ser mycket lovande ut. Företag har redan börjat använda OpenAI för en mängd olika ändamål, inklusive förbättring av produktkvalitet, optimering av produktionsprocesser, samordning av resurser och automatisering av kommunikation och samarbete.

Men det finns mycket mer potential för OpenAI att utforska. Här är några av de möjliga framtida utvecklingarna:

Förbättrat beslutsfattande: OpenAI kan användas för att analysera och tolka stora mängder data, samt generera insikter och föreslå beslut baserade på dessa analyser. Detta kan förbättra beslutsfattandet inom företag och hjälpa till att göra det mer effektivt och informerat.

Personlig tillverkning: Genom att kombinera OpenAI med internet of Things (IoT) kan produktionsprocesser automatiseras och anpassas till individuella behov. Detta kan leda till en mer effektiv produktion med mindre slöseri och mindre miljöpåverkan.

Prediktivt underhåll: OpenAI kan användas för att förutse och förebygga problem i produktionsutrustning, såsom maskiner och fordon. Detta kan leda till en mer effektiv underhållsplanering och mindre nedstängningstid för företag.

Förbättrad kundupplevelse: OpenAI kan användas för att personifiera kundupplevelsen genom att anpassa produkter och tjänster till individuella behov. Detta kan leda till en högre grad av kundlojalitet och öka försäljningen.

Autonoma fordon: OpenAI kan användas för att utveckla autonoma fordon som kan navigera i en mängd olika miljöer, inklusive urbanområden och ruggiga terräng. Detta kan leda till säkrare och mer effektiva transportlösningar för företag och samhället som helhet.

Sammantaget är framtiden för OpenAI mycket lovande och det finns en mängd möjliga tillämpningar för företag att utforska. Genom att använda OpenAI i samverkan med andra teknologier och plattformar, kan företag öka sin konkurrenskraft och förbättra sina produkter och tjänster.

www.ingramcontent.com/pod-product-compliance
Lightning Source LLC
Chambersburg PA
CBHW071226170526
45165CB00003B/1013